总主编/艾四林

《德意志意识形态》导读

（增订版）

李成旺◎编著

中国民主法制出版社
研究出版社
2018年·北京

图书在版编目 [CIP] 数据

《德意志意识形态》导读 / 李成旺编著 . -- 增订本
. -- 北京 : 中国民主法制出版社 , 2018.6
ISBN 978-7-5162-1810-5

Ⅰ . ①德… Ⅱ . ①李… Ⅲ . ①《德意志意识形态》-
马恩著作研究 Ⅳ . ① A811.21

中国版本图书馆 CIP 数据核字 (2018) 第 101624 号

图书出品人 / 刘海涛
出 版 统 筹 / 赵卜慧　乔先彪
责 任 编 辑 / 刘春雨

书名 / 《德意志意识形态》导读（增订版）
作者 / 李成旺　编著

出版 · 发行 / 中国民主法制出版社
地址 / 北京市丰台区右安门外玉林里 7 号（100069）
电话 / 010-63292534　63057714（发行中心）　63055259（总编室）
传真 / 010-63292534
Http: //www.npcpub.com
E-mail: mzfz@npcpub.com
经销 / 新华书店
开本 / 16 开　787 毫米 × 1092 毫米
印张 / 14.25
字数 / 159 千字
版本 / 2018 年 6 月第 2 版　　2018 年 6 月第 1 次印刷
印刷 / 北京中兴印刷有限公司

书号 / ISBN 978-7-5162-1810-5
定价 / 36.00 元

总序

读经典　提高马克思主义理论素养

艾四林
中央马克思主义理论研究和建设工程《马克思主义发展史》课题组首席专家
教育部高校研究生思想政治理论课分指导委员会副主任委员
教育部人文社会科学重点研究基地清华大学高校德育研究中心主任
清华大学马克思主义学院院长

加强马克思主义经典著作的学习，提高广大党员干部的马克思主义理论素养，是建设马克思主义学习型政党的重要任务。马克思主义经典著作蕴含和集中体现着马克思主义基本原理，是马克思主义理论的本源和基础。重视学习马克思主义经典著作，是我们党的优良传统。在新形势下，广大党员干部学习马克思主义经典著作，不仅有助于系统掌握马克思主义基本原理，增强马克思主义信仰，也有助于从源头上完整准确地理解中国特色社会主义理论体系。在实际工作中，广大党员干部要把掌握马克思主义理论作为看家本领，善于运用马克思主义的立场观点方法来分析和解决改革开放和现代化建设中的实际问题。

青年是国家的希望，民族的未来。高校思想政治理论课承担着对大学生进行系统的马克思主义理论教育的任务，在把大学生培养成中国特色社会主义的建设者和接班人方面承担着不可替代的作用。在本科生的思想政治理论课课程体系中，虽然没有马克思主义经典导读这样的必修课程，但教师一般会推荐马克思主义经典著作作为必读书目，要求学生课下阅读，以加深大学生对马克思主义基本原理和中国化马克思主义的理解和认识。在目前的研究生思想政治理论课课程体系中，“马克思主义经典著作导读”就是其中的一门重要课程。特别是，对于全国马克思主义理论专业的研究生来说，“马克思主义原著研读”更是其必修的核心课程。因而，使青年学生拥有一套学习马克思主义经典的导读性著作，一直是我们着力探索的重要教学科研任务。

有鉴于此，我们特邀一些高校从事马克思主义理论教学和研究的学者，对精心挑选的马克思主义发展史上的一些经典文献进行导读，并分批陆续出版。在编写中，我们强调导读著作风格的通俗性和文风的可读性，要求每本导读著作的字数控制在十万字左右（个别除外），使之介于大部头研究专著和合集之间。目前，马克思主义经典的导读性著作的撰写，主要有如下两种形式：一种是把每一本马克思主义经典的导读写成一本大部头的专著，一种是把若干马克思主义经典分章节加以介绍，然后汇成一本合集。相对来讲，前者的优势是研究精深、学术性强，其体例和风格主要适合专家学者，但相对于党政干部和青年学生而言，则显得有些深奥，往往会让读者产生畏难情绪；后者的优势是比较集中、简明扼要，但内容较为单薄，往往会使读者感觉不解渴。因此，我们这套丛书试图寻找更为合适的体例和风格，兼收上述两类导读著作的优点，从而起到积极的探索的作用。

我们衷心希望这套丛书有助于广大党政干部和青年学生对马克思主义理论的学习，为推进马克思主义大众化作出一点我们应有的贡献。

2015 年 5 月 5 日

目录

CONTENTS

《德意志意识形态》（节选）*

* 版本选自《马克思恩格斯文集》第1卷，人民出版社2009年版，第509页—第587页。

第一卷　对费尔巴哈、布·鲍威尔和施蒂纳所代表的现代德国哲学的批判

序　　言

迄今为止人们总是为自己造出关于自己本身、关于自己是何物或应当成为何物的种种虚假观念。他们按照自己关于神、关于标准人等等观念来建立自己的关系。他们头脑的产物不受他们支配。他们这些创造者屈从于自己的创造物。他们在幻象、观念、教条和臆想的存在物的枷锁下日渐委靡消沉，我们要把他们从中解放出来。我们要起来反抗这种思想的统治。一个人说，我们要教会他们用符合人的本质的思想来代替这些臆想，另一个人说，我们要教会他们批判地对待这些臆想，还有个人说，我们要教会他们从头脑里抛掉这些臆想，这样——当前的现实就会崩溃。

这些天真的幼稚的空想构成现代青年黑格尔派哲学的核心。在德国不仅是公众怀着畏惧和虔敬的心情来接受这种哲学，而且**哲学英雄们**自己在抬出这种哲学的时候，也一本正经地觉得它有颠覆世界的危险性和不怕被治罪的坚决性。本书第一卷的目的就是要揭露这些自以为是狼、也被人看成是狼的绵羊，指出他们的咩咩叫声只不过是以哲学的形式来重复德国市民的观念，而这些哲学宣讲者的夸夸其谈只不过反映出德国现实状况的可悲。本书的目的就是要揭穿同现实的影子所作的哲学斗争，揭穿这种投合耽于幻想、精神委靡的德国民众口味的哲学斗争，使之信誉扫地。

有一个好汉忽然想到，人们之所以溺死，是因为他们被**重力思**

想迷住了。如果他们从头脑中抛掉这个观念，比方说，宣称它是迷信观念，是宗教观念，他们就会避免任何溺死的危险。他一生都在同重力的幻想作斗争，各种统计给他提供大量有关这种幻想的有害后果的新证据。这位好汉就是现代德国革命哲学家们的标本。

第一章　费尔巴哈
唯物主义观点和唯心主义观点的对立

[I]

正如德意志意识形态家们所宣告的，德国在最近几年里经历了一次空前的变革。从施特劳斯开始的黑格尔体系的解体过程发展为一种席卷一切“过去的力量”的世界性骚动。在普遍的混乱中，一些强大的王国产生了，又匆匆消逝了，瞬息之间出现了许多英雄，但是马上又因为出现了更勇敢更强悍的对手而销声匿迹。这是一次革命，法国革命同它相比只不过是儿戏；这是一次世界斗争，狄亚多希的斗争在它面前简直微不足道。一些原则为另一些原则所代替，一些思想勇士为另一些思想勇士所歼灭，其速度之快是前所未闻的。在 1842—1845 年这三年中间，在德国进行的清洗比过去三个世纪都要彻底得多。

据说这一切都是在纯粹的思想领域中发生的。

然而，不管怎么样，这里涉及的是一个有意义的事件：绝对精神的瓦解过程。在最后一点生命的火花熄灭之后，这具残骸的各个组成部分就分解了，它们重新化合，构成新的物质。那些以哲学为业，一直以经营绝对精神为生的人们，现在都扑向这种新的化合物。每个人都不辞劳苦地兜售他所得到的那一份。竞争不可避免。起初这种竞争还相当体面，并且循规蹈矩。后来，当商品充斥德国市场，而在世界市场上尽管竭尽全力也无法找到销路的时候，按照通常的德国方式，生意都因搞批量的和虚假的生产，因质量降低、原料掺假、伪造商标、买空卖空、票据投机以及没有任何现实基础的信用制度而搞糟了。竞争变成了激烈的斗争，而这个斗争现在却被吹嘘和构想成一种具有世界历史意义的变革，一种产生了十分重大的结果和成就的因素。

为了正确地评价这种甚至在可敬的德国市民心中唤起怡然自得的民族感情的哲学叫卖，为了清楚地表明这整个青年黑格尔派运动的狭隘性、地域局限性，特别是为了揭示这些英雄们的真正业绩和关于这些业绩的幻想之间的令人啼笑皆非的显著差异，就必须站在德国以外的立场上来考察一下这些喧嚣吵嚷。

一 费尔巴哈

A. 一般意识形态，特别是德意志意识形态

德国的批判，直至它最近所作的种种努力，都没有离开过哲学的基地。这个批判虽然没有研究过自己的一般哲学前提，但是它谈到的全部问题终究是在一定的哲学体系即黑格尔体系的基地上产生的。不仅是它的回答，而且连它所提出的问题本身，都包含着神秘主义。对黑格尔的这种依赖关系正好说明了为什么在这些新出现的批判家中甚至没有一个人试图对黑格尔体系进行全面的批判，尽管他们每一个人都断言自己已经超越黑格尔哲学。他们和黑格尔的论战以及他们相互之间的论战，只局限于他们当中的每一个人都抓住黑格尔体系的某一方面，用它来反对整个体系，也反对别人所抓住的那些方面。起初他们还是抓住纯粹的、未加伪造的黑格尔的范畴，如“实体”和“自我意识”，但是后来却用一些比较世俗的名称如“类”、“唯一者”、“人”等等，使这些范畴世俗化。

从施特劳斯到施蒂纳的整个德国哲学批判都局限于对**宗教**观念的批判。他们的出发点是现实的宗教和真正的神学。至于什么是宗教意识，什么是宗教观念，他们后来下的定义各有不同。其进步在于：所谓占统治地位的形而上学观念、政治观念、法律观念、道德观念以及其他观念也被归人宗教观念或神学观念的领域；还在于：政治意识、法律意识、道德意识被宣布为宗教意识或神学意识，而政治的、法律的、道德的人，总而言之，**"人"**，则被宣布为宗教的人。宗教的统治被当成了前提。一切占统治地位的关系逐渐地都被宣布为宗教的关系，继而被转化为迷信——对法的迷信，对国家的迷信等等。到处涉及的都只是教义和对教义的信仰。世界在越来越大的规模内被圣化了，直到最后可尊敬的圣麦克斯完全把它宣布为圣物，从而一劳永逸地把它葬送为止。

老年黑格尔派认为，只要把一切都归人黑格尔的逻辑范畴，他们就**理解**了一切。青年黑格尔派则硬说一切都包含宗教观念或者宣布一切都是神学上的东西，由此来**批判**一切。青年黑格尔派同意老年黑格尔派的这样一个信念，即认为宗教、概念、普遍的东西统治着现存世界。不过一派认为这种统治是篡夺而加以反对，另一派则认为这种统治是合法的而加以赞扬。

既然青年黑格尔派认为，观念、思想、概念，总之，被他们变为某种独立东西的意识的一切产物，是人们的真正枷锁，就像老年黑格尔派把它们看做是人类社会的真正镣铐一样，那么不言而喻，青年黑格尔派只要同意识的这些幻想进行斗争就行了。既然根据青年黑格尔派的设想，人们之间的关系、他们的一切举止行为、他们受到的束缚和限制，都是他们意识的产物，那么青年黑格尔派完全合乎逻辑地向人们提出一种道德要求，要用人的、批判的或利己的意识来代替他们现在的意识，从而消除束缚他们的限制。这种改变意识的要求，就是要求用另一种方式来解释存在的东西，也就是说，借助于另外的解释来承认它。青年黑格尔派的意识形态家们尽管满口讲的都是所谓“震撼世界的”词句，却是最大的保守派。如果说，他们之中最年轻的人宣称只为反对“**词句**”而斗争，那就确切地表达了他们的活动。不过他们忘记了：他们只是用词句来反对这些词句；既然他们仅仅反对这个世界的词句，那么他们就绝对不是反对现实的现存世界。这种哲学批判所能达到的唯一结果，是从宗教史上对基督教作一些说明，而且还是片面的说明。至于他们的全部其他论断，只不过是进一步修饰他们的要求：想用这样一些微不足道的说明作出具有世界历史意义的发现。

这些哲学家没有一个想到要提出关于德国哲学和德国现实之间的联系问题，关于他们所作的批判和他们自身的物质环境之间的联系问题。

1. 一般意识形态，特别是德国哲学

A.

我们开始要谈的前提不是任意提出的，不是教条，而是一些只有在臆想中才能撇开的现实前提。这是一些现实的个人，是他们的活动和他们的物质生活条件，包括他们已有的和由他们自己的活动创造出来的物质生活条件。因此，这些前提可以用纯粹经验的方法来确认。

全部人类历史的第一个前提无疑是有生命的个人的存在。因此，第一个需要确认的事实就是这些个人的肉体组织以及由此产生的个人对其他自然的关系。当然，我们在这里既不能深入研究人们自身的生理特性，也不能深入研究人们所处的各种自然条件——地质条件、山岳水文地理条件、气候条件以及其他条件。任何历史记载都

应当从这些自然基础以及它们在历史进程中由于人们的活动而发生的变更出发。

可以根据意识、宗教或随便别的什么来区别人和动物。一当人开始**生产**自己的生活资料，即迈出由他们的肉体组织所决定的这一步的时候，人本身就开始把自己和动物区别开来。人们生产自己的生活资料，同时间接地生产着自己的物质生活本身。

人们用以生产自己的生活资料的方式，首先取决于他们已有的和需要再生产的生活资料本身的特性。这种生产方式不应当只从它是个人肉体存在的再生产这方面加以考察。更确切地说，它是这些个人的一定的活动方式，是他们表现自己生命的一定方式、他们的一定的**生活方式**。个人怎样表现自己的生命，他们自己就是怎样。因此，他们是什么样的，这同他们的生产是一致的——既和他们生产什么一致，又和他们**怎样**生产一致。因而，个人是什么样的，这取决于他们进行生产的物质条件。

这种生产第一次是随着**人口的增长**而开始的。而生产本身又是以个人彼此之间的**交往** [*Verkehr*] 为前提的。这种交往的形式又是由生产决定的。

各民族之间的相互关系取决于每一个民族的生产力、分工和内部交往的发展程度。这个原理是公认的。然而不仅一个民族与其他民族的关系，而且这个民族本身的整个内部结构也取决于自己的生产以及自己内部和外部的交往的发展程度。一个民族的生产力发展的水平，最明显地表现于该民族分工的发展程度。任何新的生产力，只要它不是迄今已知的生产力单纯的量的扩大（例如，开垦土地），都会引起分工的进一步发展。

一个民族内部的分工，首先引起工商业劳动同农业劳动的分离，从而也引起**城乡**的分离和城乡利益的对立。分工的进一步发展导致商业劳动同工业劳动的分离。同时，由于这些不同部门内部的分工，共同从事某种劳动的个人之间又形成不同的分工。这种种分工的相互关系取决于农业劳动、工业劳动和商业劳动的经营方式（父权制、奴隶制、等级、阶级）。在交往比较发达的条件下，同样的情况也会在各民族间的相互关系中出现。

分工的各个不同发展阶段，同时也就是所有制的各种不同形式。这就是说，分工的每一个阶段还决定个人在劳动材料、劳动工具和劳动产品方面的相互关系。

第一种所有制形式是部落 [Stamm] 所有制。这种所有制与生产的不发达阶段相适应，当时人们靠狩猎、捕鱼、畜牧，或者最多靠耕作为生。在人们靠耕作为生的情况下，这种所有制是以有大量未开垦的土地为前提的。在这个阶段，分工还很不发达，仅限于家庭中现有的自然形成的分工的进一步扩大。因此，社会结构只限于家庭的扩大：父权制的部落首领，他们管辖的部落成员，最后是奴隶。潜在于家庭中的奴隶制，是随着人口和需求的增长，随着战争和交易这种外部交往的扩大而逐渐发展起来的。

第二种所有制形式是古典古代的公社所有制和国家所有制。这种所有制首先是由于几个部落通过契约或征服联合为一个**城市**而产生的。在这种所有制下仍然保存着奴隶制。除公社所有制以外，动产私有制以及后来的不动产私有制已经发展起来，但它们是作为一种反常的、从属于公社所有制的形式发展起来的。公民仅仅共同拥有支配自己那些做工的奴隶的权力，因此受公社所有制形式的约束。这是积极公民的一种共同私有制，他们面对着奴隶不得不保存这种自然形成的联合方式。因此，建筑在这个基础上的整个社会结构，以及与此相联系的人民权力，随着私有制，特别是不动产私有制的发展而逐渐趋向衰落。分工已经比较发达。城乡之间的对立已经产生，后来，一些代表城市利益的国家同另一些代表乡村利益的国家之间的对立出现了。在城市内部存在着工业和海外贸易之间的对立。公民和奴隶之间的阶级关系已经充分发展。

随着私有制的发展，这里第一次出现了这样的关系，这些关系我们在考察现代私有制时还会遇见，不过规模更为巨大而已。一方面是私有财产的集中，这种集中在罗马很早就开始了（李奇尼乌斯土地法就是证明），从内战发生以来，尤其是在帝政时期，发展得非常迅速；另一方面是由此而来的平民小农向无产阶级的转化，然而，后者由于处于有产者公民和奴隶之间的中间地位，并未获得独立的发展。

第三种形式是封建的或等级的所有制。古代的起点是**城市**及其狭小的领域，中世纪的起点则是**乡村**。地旷人稀，居住分散，而征服者也没有使人口大量增加，——这种情况决定了起点有这样的变化。因此，与希腊和罗马相反，封建制度的发展是在一个宽广得多的、由罗马的征服以及起初就同征服联系在一起的农业的普及所准备好了的地域中开始的。趋于衰落的罗马帝国的最后几个世纪和蛮族对它的征服本身，使得生产力遭到了极大的破坏；农业衰落了，工业由于缺乏销路而一蹶不振，商业停滞或被迫中断，城乡居民减少了。这些情况以及受其制约的进行征服的组织方式，在日耳曼人的军事制度的影响下，发展了封建所有制。这种所有制像部落所有制和公社所有制一样，也是以一种共同体为基础的。但是作为直接进行生产的阶级而与这种共同体对立的，已经不是与古典古代的共同体相对立的奴隶，而是小农奴。随着封建制度的充分发展，也产生了与城市对立的现象。土地占有的等级结构以及与此相联系的武装扈从制度使贵族掌握了支配农奴的权力。这种封建结构同古典古代的公社所有制一样，是一种联合，其目的在于对付被统治的生产者阶级；只是联合的形式和对于直接生产者的关系有所不同，因为出现了不同的生产条件。

在**城市**中与这种土地占有的封建结构相适应的是同业公会所有制，即手工业的封建组织。在这里财产主要在于个人的劳动。联合起来反对成群搭伙的掠夺成性的贵族的必要性，在实业家同时又是商人的时期对公共商场的需要，流入当时繁华城市的逃亡农奴的竞争的加剧，全国的封建结构，——所有这一切产生了**行会**；个别手工业者逐渐积蓄起少量资本，而且在人口不断增长的情况下他们的人数没有什么变动，这就使得帮工制度和学徒制度发展起来，而这种制度在城市里产生了一种和农村等级制相似的等级制。

这样，封建时代的所有制的主要形式，一方面是土地所有制和束缚于土地所有制的农奴劳动，另一方面是拥有少量资本并支配着帮工劳动的自身劳动。这两种所有制的结构都是由狭隘的生产关系——小规模的粗陋的土地耕作和手工业式的工业——决定的。在封建制度的繁荣时代，分工是很少的。每一个国家都存在着城乡之间的对立；等级结构固然表现得非常鲜明，但是除了在乡村里有王公、贵族、僧侣和农民的划分，在城市里有师傅、帮工、学徒以及后来的平民短工的划分之外，就再没有什么大的分工了。在农业中，分工因土地的小块耕作而受到阻碍，与这种耕作方式同时产生的还有农民自己的家庭工业；在工业中，各手工业内部根本没有实行分工，而各手工业之间的分工也是非常少的。在比较老的城市中，工业和商业早就分工了；而在比较新的城市中，只是在后来当这些城市彼此发生了关系的时候，这样的分工才发展起来。

比较广大的地区联合为封建王国，无论对于土地贵族或城市来说，都是一种需要。因此，统治阶级的组织即贵族的组织到处都在君主的领导之下。

由此可见，事情是这样的：以一定的方式进行生产活动的一定的个人，发生一定的社会关系和政治关系。经验的观察在任何情况

下都应当根据经验来揭示社会结构和政治结构同生产的联系，而不应当带有任何神秘和思辨的色彩。社会结构和国家总是从一定的个人的生活过程中产生的。但是，这里所说的个人不是他们自己或别人想象中的那种个人，而是**现实中的**个人，也就是说，这些个人是从事活动的，进行物质生产的，因而是在一定的物质的、不受他们任意支配的界限、前提和条件下活动着的。

思想、观念、意识的生产最初是直接与人们的物质活动，与人们的物质交往，与现实生活的语言交织在一起的。人们的想象、思维、精神交往在这里还是人们物质行动的直接产物。表现在某一民族的政治、法律、道德、宗教、形而上学等的语言中的精神生产也是这样。人们是自己的观念、思想等等的生产者，但这里所说的人们是现实的、从事活动的人们，他们受自己的生产力和与之相适应的交往的一定发展——直到交往的最遥远的形态——所制约。意识 [das BewuBtsein] 在任何时候都只能是被意识到了的存在 [das bewuBteSein]，而人们的存在就是他们的现实生活过程。如果在全部意识形态中，人们和他们的关系就像在照相机中一样是倒立成像的，那么这种现象也是从人们生活的历史过程中产生的，正如物体在视网膜上的倒影是直接从人们生活的生理过程中产生的一样。

德国哲学从天国降到人间；和它完全相反，这里我们是从人间升到天国。这就是说，我们不是从人们所说的、所设想的、所想象的东西出发，也不是从口头说的、思考出来的、设想出来的、想象出来的人出发，去理解有血有肉的人。我们的出发点是从事实际活动的人，而且从他们的现实生活过程中还可以描绘出这一生活过程在意识形态上的反射和反响的发展。甚至人们头脑中的模糊幻象也是他们的可以通过经验来确认的、与物质前提相联系的物质生活过程的必然升华物。因此，道德、宗教、形而上学和其他意识形态，以及与它们相适应的意识形式便不再保留独立性的外观了。它们没有历史，没有发展，而发展着自己的物质生产和物质交往的人们，在改变自己的这个现实的同时也改变着自己的思维和思维的产物。不是意识决定生活，而是生活决定意识。前一种考察方法从意识出发，把意识看做是有生命的个人。后一种符合现实生活的考察方法则从现实的、有生命的个人本身出发，把意识仅仅看做是**他们的**意识。

这种考察方法不是没有前提的。它从现实的前提出发，它一刻也不离开这种前提。它的前提是人，但不是处在某种虚幻的离群索居和固定不变状态中的人，而是处在现实的、可以通过经验观察到的、在一定条件下进行的发展过程中的人。只要描绘出这个能动的生活过程，历史就不再像那些本身还是抽象的经验主义者所认为的那样，是一些僵死的事实的汇集，也不再像唯心主义者所认为的那样，是想象的主体的想象活动。

在思辨终止的地方，在现实生活面前，正是描述人们实践活动和实际发展过程的真正的实证科学开始的地方。关于意识的空话将终止，它们一定会被真正的知识所代替。对现实的描述会使独立的哲学失去生存环境，能够取而代之的充其量不过是从对人类历史发展的考察中抽象出来的最一般的结果的概括。这些抽象本身离开了现实的历史就没有任何价值。它们只能对整理历史资料提供某些方便，指出历史资料的各个层次的顺序。但是这些抽象与哲学不同，它们绝不提供可以适用于各个历史时代的药方或公式。相反，只是在人们着手考察和整理资料——不管是有关过去时代的还是有关当代的资料——的时候，在实际阐述资料的时候，困难才开始出现。这些困难的排除受到种种前提的制约，这些前提在这里是根本不可能提供出来的，而只能从对每个时代的个人的现实生活过程和活动的研究中产生。这里我们只举出几个我们用来与意识形态相对照的抽象，并用历史的实例来加以说明。

[II]

当然，我们不想花费精力去启发我们的聪明的哲学家，使他们懂得：如果他们把哲学、神学、实体和一切废物消融在“自我意识”中，如果他们把“人”从这些词句的统治下——而人从来没有受过这些词句的奴役——解放出来，那么“人”的“解放”也并没有前进一步；只有在现实的世界中并使用现实的手段才能实现真正的解放；没有蒸汽机和珍妮走锭精纺机就不能消灭奴隶制；没有改良的农业就不能消灭农奴制；当人们还不能使自己的吃喝住穿在质和量方面得到充分保证的时候，人们就根本不能获得解放。“解放”是一种历史活动，不是思想活动，“解放”是由历史的关系，是由工业状况、商业状况、农业状况、交往状况促成的 [……] 其次，还要根据它们的不同发展阶段，清除实体、主体、自我意识和纯批判等无稽之谈，正如同清除宗教的和神学的无稽之谈一样，而且在它们有了更充分的发展以后再次清除这些无稽之谈。当然，在像德国这样一个具有微不足道的历史发展的国家里，这些思想发展，这些被捧上了天的、毫无作用的卑微琐事弥补了历史发展的不足，它们已经根深蒂固，必须同它们进行斗争。但这是具有地域性意义的斗争。

[……] 实际上，而且对**实践的**唯物主义者即**共产主义者**来说，全部问题都在于使现存世界革命化，实际地反对并改变现存的事物。如果在费尔巴哈那里有时也遇见类似的观点，那么它们始终不过是一些零星的猜测，而且对费尔巴哈的总的观点的影响微乎其微，以致只能把它们看做是具有发展能力的萌芽。费尔巴哈对感性世界的“理解”一方面仅仅局限于对这一世界的单纯的直观，另一方面仅仅局限于单纯的感觉。费尔巴哈设定的是“人”，而不是“现实的历史的人”。“**人**”实际上是“德国人”。在前一种情况下，在对感性世界

的**直观**中，他不可避免地碰到与他的意识和他的感觉相矛盾的东西，这些东西扰乱了他所假定的感性世界的一切部分的和谐，特别是人与自然界的和谐。为了排除这些东西，他不得不求助于某种二重性的直观，这种直观介于仅仅看到“眼前”的东西的普通直观和看出事物的“真正本质”的高级的哲学直观之间。他没有看到，他周围的感性世界决不是某种开天辟地以来就直接存在的、始终如一的东西，而是工业和社会状况的产物，是历史的产物，是世世代代活动的结果，其中每一代都立足于前一代所奠定的基础上，继续发展前一代的工业和交往，并随着需要的改变而改变他们的社会制度。甚至连最简单的“感性确定性”的对象也只是由于社会发展、由于工业和商业交往才提供给他的。大家知道，樱桃树和几乎所有的果树一样，只是在几个世纪以前由于**商业**才移植到我们这个地区。由此可见，樱桃树只是**由于**一定的社会在一定时期的这种活动才为费尔巴哈的“感性确定性”所感知。

此外，只要这样按照事物的真实面目及其产生情况来理解事物，任何深奥的哲学问题——后面将对这一点作更清楚的说明——都可以十分简单地归结为某种经验的事实。人对自然的关系这一重要问题（或者如布鲁诺在第 110 页上所说的“自然和历史的对立”，好像这是两种互不相干的“事物”，好像人们面前始终不会有历史的自然和自然的历史），就是一个例子，这是一个产生了关于“实体”和“自我意识”的一切“神秘莫测的崇高功业”的问题。然而，如果懂得在工业中向来就有那个很著名的“人和自然的统一”，而且这种统一在每一个时代都随着工业或慢或快的发展而不断改变，就像人与自然的“斗争”促进其生产力在相应基础上的发展一样，那么上述问题也就自行消失了。工业和商业、生活必需品的生产和交换，一方面制约着分配、不同社会阶级的划分，同时它们在自己的运动形式上又受着后者的制约。这样一来，打个比方说，费尔巴哈在曼彻斯特只看见一些工厂和机器，而100年以前在那里只能看见脚踏纺车和织布机；或者，他在罗马的坎帕尼亚只发现一些牧场和沼泽，而在奥古斯都时代在那里只能发现罗马富豪的葡萄园和别墅。费尔巴哈特别谈到自然科学的直观，提到一些只有物理学家和化学家的眼睛才能识破的秘密，但是如果没有工业和商业，哪里会有自然科学呢？甚至这个“纯粹的”自然科学也只是由于商业和工业，由于人们的感性活动才达到自己的目的和获得自己的材料的。这种活动、这种连续不断的感性劳动和创造、这种生产，正是整个现存的感性世界的基础，它哪怕只中断一年，费尔巴哈就会看到，不仅在自然界将发生巨大的变化，而且整个人类世界以及他自己的直观能力，甚至他本身的存在也会很快就没有了。当然，在这种情况下，外部自然界的优先地位仍然会保持着，而整个这一点当然不适用于原始的、通过自然发生的途径产生的人们。但是，这种区别只有在人被看做是某种与自然界不同的东西时才有意义。此外，先于人类历史而存在的那个自然界，不是费尔巴哈生活于其中的自然界；这是除去在澳洲新出现的一些珊瑚岛以外今天在任何地方都不再存在的、因而对于费尔巴哈来说也是不存在的自然界。

诚然，费尔巴哈与“纯粹的”唯物主义者相比有很大的优点：他承认人也是“感性对象”。但是，他把人只看做是“感性对象”，而不是“感性活动”，因为他在这里也仍然停留在理论领域，没有从人们现有的社会联系，从那些使人们成为现在这种样子的周围生活条件来观察人们——这一点且不说，他还从来没有看到现实存在着的、活动的人，而是停留于抽象的“人”，并且仅仅限于在感情范围内承认“现实的、单个的、肉体的人”，也就是说，除了爱与友情，而且是理想化了的爱与友情以外，他不知道“人与人之间”还有什么其他的“人的关系”。他没有批判现在的爱的关系。可见，他从来没有把感性世界理解为构成这一世界的个人的全部活生生的感性**活**

动，因而比方说，当他看到的是大批患瘰疬病的、积劳成疾的和患肺痨的穷苦人而不是健康人的时候，他便不得不求助于“最高的直观”和观念上的“类的平等化”，这就是说，正是在共产主义的唯物主义者看到改造工业和社会结构的必要性和条件的地方，他却重新陷入唯心主义。

当费尔巴哈是一个唯物主义者的时候，历史在他的视野之外；当他去探讨历史的时候，他不是一个唯物主义者。在他那里，唯物主义和历史是彼此完全脱离的。这一点从上面所说的看来已经非常明显了。

我们谈的是一些没有任何前提的德国人，因此我们首先应当确定一切人类生存的第一个前提，也就是一切历史的第一个前提，这个前提是：人们为了能够“创造历史”，必须能够生活。但是为了生活，首先就需要吃喝住穿以及其他一些东西。因此第一个历史活动就是生产满足这些需要的资料，即生产物质生活本身，而且，这是人们从几千年前直到今天单是为了维持生活就必须每日每时从事的历史活动，是一切历史的基本条件。即使感性在圣布鲁诺那里被归结为像一根棍子那样微不足道的东西，它仍然必须以生产这根棍子的活动为前提。因此任何历史观的第一件事情就是必须注意上述基本事实的全部意义和全部范围，并给予应有的重视。大家知道，德国人从来没有这样做过，所以他们从来没有为历史提供**世俗**基础，因而也从未拥有过一个历史学家。法国人和英国人尽管对这一事实同所谓的历史之间的联系了解得非常片面——特别是因为他们受政治意识形态的束缚——，但毕竟作了一些为历史编纂学提供唯物主义基础的初步尝试，首次写出了市民社会史、商业史和工业史。

第二个事实是，已经得到满足的第一个需要本身、满足需要的活动和已经获得的为满足需要而用的工具又引起新的需要，而这种新的需要的产生是第一个历史活动。从这里立即可以明白，德国人的伟大历史智慧是谁的精神产物。德国人认为，凡是在他们缺乏实证材料的地方，凡是在神学、政治和文学的谬论不能立足的地方，就没有任何历史，那里只有“史前时期”；至于如何从这个荒谬的“史前历史”过渡到真正的历史，他们却没有对我们作任何解释。不过另一方面，他们的历史思辨所以特别热衷于这个“史前历史”，是因为他们认为在这里他们不会受到“粗暴事实”的干预，而且还可以让他们的思辨欲望得到充分的自由，创立和推翻成千上万的假说。

一开始就进入历史发展过程的第三种关系是：每日都在重新生产自己生命的人们开始生产另外一些人，即繁殖。这就是夫妻之间的关系，父母和子女之间的关系，也就是**家庭**。这种家庭起初是唯一的社会关系，后来，当需要的增长产生了新的社会关系而人口的增多又产生了新的需要的时候，这种家庭便成为从属的关系了（德国除外）。这时就应该根据现有的经验材料来考察和阐明家庭，而不应该像通常在德国所做的那样，根据“家庭的概念”来考察和阐明家庭。此外，不应该把社会活动的这三个方面看做是三个不同的阶段，而只应该看做是三个方面，或者，为了使德国人能够明白，把它们看做是三个“因素”。从历史的最初时期起，从第一批人出现以来，这三个方面就同时存在着，而且现在也还在历史上起着作用。

这样，生命的生产，无论是通过劳动而生产自己的生命，还是通过生育而生产他人的生命，就立即表现为双重关系：一方面是自然关系，另一方面是社会关系；社会关系的含义在这里是指许多个人的共同活动，不管这种共同活动是在什么条件下、用什么方式和为了什么目的而进行的。由此可见，一定的生产方式或一定的工业阶段始终是与一定的共同活动方式或一定的社会阶段联系着的，而这种共同活动方式本身就是“生产力”；由此可见，人们所达到的生产力的总和决定着社会状况，因而，始终必须把“人类的历史”同工业和交换的历史联系起来研究和探讨。但是，这样的历史在德国是写不出来的，这也是很明显的，因为对于德国人来说，要做到这一点不仅缺乏理解能力和材料，而且还缺乏“感性确定性”；而在莱茵河彼岸之所以不可能有关于这类事情的任何经验，是因为那里再没有什么历史。由此可见，人们之间一开始就有一种物质的联系。这种联系是由需要和生产方式决定的，它和人本身有同样长久的历史；这种联系不断采取新的形式，因而就表现为“历史”，它不需要用任何政治的或宗教的呓语特意把人们维系在一起。

只有现在，在我们已经考察了原初的历史的关系的四个因素、四个方面之后，我们才发现：人还具有“意识”。但是这种意识并非一开始就是“纯粹的”意识。“精神”从一开始就很倒霉，受到物质的“纠缠”，物质在这里表现为振动着的空气层、声音，简言之，即语言。语言和意识具有同样长久的历史；语言**是**一种实践的、既为别人存在因而也为我自身而存在的、现实的意识。语言也和意识一样，只是由于需要，由于和他人交往的迫切需要才产生的。凡是有某种关系存在的地方，这种关系都是为我而存在的；动物不对什么东西发生“**关系**”，而且根本没有“关系”；对于动物来说，它对他物的关系不是作为关系存在的。因而，意识一开始就是社会的产物，而且只要人们存在着，它就仍然是这种产物。当然，意识起初只是对**直接的**可感知的环境的一种意识，是对处于开始意识到自身的个人之外的其他人和其他物的狭隘联系的一种意识。同时，它也是对自然界的一种意识，自然界起初是作为一种完全异己的、有无限威力的和不可制服的力量与人们对立的，人们同自然界的关系完全像动物同自然界的关系一样，人们就像牲畜一样慑服于自然界，因而，这是对自然界的一种纯粹动物式的意识（自然宗教）；但是，另一方面，意识到必须和周围的个人来往，也就是开始意识到人总是生活在社会中的。这个开始，同这一阶段的社会生活本身一样，带有动物的性质；这是纯粹的畜群意识，这里，人和绵羊不同的地方只是在于：他的意识代替了他的本能，或者说他的本能是被意识到了的本能。由于生产效率的提高，需要的增长以及作为二者基础的人口的增多，这种绵羊意识或部落意识获得了进一步的发展和提高。与此同时分工也发展起来。分工起初只是性行为方面的分工，后来是由于天赋（例如体力）、需要、偶然性等等才自发地或"自然地"形成的分工。分工只是从物质劳动和精神劳动分离的时候起才真正成为分工。从这时候起意识**才能**现实地想象：它是和现存实践的意识不同的某种东西；它不用想象某种现实的东西就能**现实地**想象某种东西。从这时候起，意识才能摆脱世界而去构造"纯粹的"理论、神学、哲学、道德等等。但是，如果这种理论、神学、哲学、道德等等同现存的关系发生矛盾，那么，这仅仅是因为现存的社会关系同现存的生产力发生了矛盾。不过，在一定民族的各种关系的范围内，这种现象的出现也可能不是因为在该民族范围内出现了矛盾，而是因为在该民族意识和其他民族的实践之间，亦即在某一民族的民族意识和普遍意识之间出现了矛盾（就像目前德国的情形那样）——既然这个矛盾似乎只表现为民族意识范围内的矛盾，那么在这个民族看来，斗争也就限于这种民族废物，因为这个民族就是废物本身。但是，意识本身究竟采取什么形式，这是完全无关紧要的。我们从这一大堆赘述中只能得出一个结论：上述三个因素即生产力、社会状况和意识，彼此之间可能而且一定会发生矛盾，因为分工使精神活动和物质活动、享受和劳动、生产和消费由不同的个人来分担这种情况不仅成为可能，而且成为现实，而要使这三个因素彼此不发生矛盾，则只有再消灭分工。此外，不言而喻，"幽灵"、"枷锁"、"最高存在物"、"概念"、"疑虑"显然只是孤立的个人的一种观念上的、思辨的、精神的表现，只是他的观念，即关于真正经验的束缚和界限的观念；生活的生产方式以及与此相联系的交往形式就在这些束缚和界限的范围内运动着。

分工包含着所有这些矛盾，而且又是以家庭中自然形成的分工和以社会分裂为单个的、互相对立的家庭这一点为基础的。与这种分工同时出现的还有**分配**，而且是劳动及其产品的**不平等**的分配(无论在数量上或质量上)；因而产生了所有制，它的萌芽和最初形式在家庭中已经出现，在那里妻子和儿女是丈夫的奴隶。家庭中这种诚然还非常原始和隐蔽的奴隶制，是最初的所有制，但就是这种所有制也完全符合现代经济学家所下的定义，即所有制是对他人劳动力的支配。其实，分工和私有制是相等的表达方式，对同一件事情，一个是就活动而言，另一个是就活动的产品而言。

其次，随着分工的发展也产生了单个人的利益或单个家庭的利益与所有互相交往的个人的共同利益之间的矛盾；而且这种共同利益不是仅仅作为一种“普遍的东西”存在于观念之中，而首先是作为彼此有了分工的个人之间的相互依存关系存在于现实之中。

正是由于特殊利益和共同利益之间的这种矛盾，共同利益才采取**国家**这种与实际的单个利益和全体利益相脱离的独立形式，同时采取虚幻的共同体的形式，而这始终是在每一个家庭集团或部落集团中现有的骨肉联系、语言联系、较大规模的分工联系以及其他利益的联系的现实基础上，特别是在我们以后将要阐明的已经由分工决定的阶级的基础上产生的，这些阶级是通过每一个这样的人群分离开来的，其中一个阶级统治着其他一切阶级。从这里可以看出，国家内部的一切斗争——民主政体、贵族政体和君主政体相互之间的斗争，争取选举权的斗争等等，不过是一些虚幻的形式——普遍的东西一般说来是一种虚幻的共同体的形式——，在这些形式下进行着各个不同阶级间的真正的斗争(德国的理论家们对此一窍不通，尽管在《德法年鉴》和《神圣家族》中已经十分明确地向他们指出过这一点)。从这里还可以看出，每一个力图取得统治的阶级，即使它的统治要求消灭整个旧的社会形式和一切统治，就像无产阶级那样，都必须首先夺取政权，以便把自己的利益又说成是普遍的利益，而这是它在初期不得不如此做的。

正因为各个人所追求的**仅仅**是自己的特殊的、对他们来说是同他们的共同利益不相符合的利益，所以他们认为，这种共同利益是“异己的”和“不依赖”于他们的，即仍旧是一种特殊的独特的“普遍”利益，或者说，他们本身必须在这种不一致的状况下活动，就像在民主制中一样。另一方面，这些始终**真正地**同共同利益和虚幻的共同利益相对抗的特殊利益所进行的**实际**斗争，使得通过国家这种虚幻的“普遍”利益来进行**实际的**干涉和约束成为必要。

最后，分工立即给我们提供了第一个例证，说明只要人们还处在自然形成的社会中，就是说，只要特殊利益和共同利益之间还有分裂，也就是说，只要分工还不是出于自愿，而是自然形成的，那么人本身的活动对人来说就成为一种异己的、同他对立的力量，这种力量压迫着人，而不是人驾驭着这种力量。原来，当分工一出现之后，任何人都有自己一定的特殊的活动范围，这个范围是强加于他的，他不能超出这个范围：他是一个猎人、渔夫或牧人，或者是一个批判的批判者，只要他不想失去生活资料，他就始终应该是这样的人。而在共产主义社会里，任何人都没有特殊的活动范围，而是都可以在任何部门内发展，社会调节着整个生产，因而使我有可能随自己的兴趣今天干这事，明天干那事，上午打猎，下午捕鱼，傍晚从事畜牧，晚饭后从事批判，这样就不会使我老是一个猎人、渔夫、牧人或批判者。社会活动的这种固定化，我们本身的产物聚合为一种统治我们、不受我们控制、使我们的愿望不能实现并使我们的打算落空的物质力量，这是迄今为止历史发展中的主要因素之一。受分工制约的不同个人的共同活动产生了一种社会力量，即成倍增长的生产力。因为共同活动本身不是自愿地而是自然形成的，所以这种社会力量在这些个人看来就不是他们自身的联合力量，而是某种异己的、在他们之外的强制力量。关于这种力量的起源和发展趋向，他们一点也不了解；因而他们不再能驾驭这种力量，相反，这种力量现在却经历着一系列独特的、不仅不依赖于人们的意志和行为反而支配着人们的意志和行为的发展阶段。

这种“**异化**”(用哲学家易懂的话来说)当然只有在具备了两个**实际**前提之后才会消灭。要使这种异化成为一种“不堪忍受的”力量，即成为革命所要反对的力量，就必须让它把人类的大多数变成完全“没有财产的”人，同时这些人又同现存的有钱有教养的世界相对立，而这两个条件都是以生产力的巨大增长和高度发展为前提的。另一方面，生产力的这种发展(随着这种发展，人们的**世界历史性的**而不是地域性的存在同时已经是经验的存在了)之所以是绝对必需的实际前提，还因为如果没有这种发展，那就只会有**贫穷**、极端贫困的普遍化；而在**极端贫困**的情况下，必须重新开始争取必需品的斗争，全部陈腐污浊的东西又要死灰复燃。其次，生产力的这种发展之所以是绝对必需的实际前提，还因为：只有随着生产力的这种普遍发展，人们的**普遍**交往才能建立起来；普遍交往，一方面，可以产生一切民族中同时都存在着“没有财产的”群众这一现象(普遍竞争)，使每一民族都依赖于其他民族的变革；最后，地域性的个人为**世界历史性的**、经验上普遍的个人所代替。不这样，(1)共产主义就只能作为某种地域性的东西而存在；(2)交往的**力量**本身就不可能发展成为一种**普遍的**因而是不堪忍受的力量：它们会依然处于地方的、笼罩着迷信气氛的“状态”；(3)交往的任何扩大都会消灭地域性的共产主义。共产主义只有作为占统治地位的各民族“一下子”同时发生的行动，在经验上才是可能的，而这是以生产力的普遍发展和与此相联系的世界交往为前提的。

共产主义对我们来说不是应当确立的**状况**，不是现实应当与之相适应的**理想**。我们所称为共产主义的是那种消灭现存状况的**现实**

的运动。这个运动的条件是由现有的前提产生的。

此外，许许多多人**仅仅**依靠自己劳动为生——大量的劳力与资本隔绝或甚至连有限地满足自己的需要的可能性都被剥夺——，从而由于竞争，他们不再是暂时失去作为有保障的生活来源的工作，他们陷于绝境，这种状况是以**世界市场**的存在为前提的。因此，无产阶级只有**在世界历史意义上**才能存在，就像共产主义——它的事业——只有作为“世界历史性的”存在才有可能实现一样。而各个人的世界历史性的存在，也就是与世界历史直接相联系的各个人的存在。

否则，例如财产一般怎么能够具有某种历史，采取各种不同的形式，例如地产怎么能够像今天实际生活中所发生的那样，根据现有的不同前提而发展呢？——在法国，从小块经营发展到集中于少数人之手，在英国，则是从集中于少数人之手发展到小块经营。至于贸易——它终究不过是不同个人和不同国家的产品交换——又怎么能够通过供求关系而统治全世界呢？用一位英国经济学家的话来说，这种关系就像古典古代的命运之神一样，遨游于寰球之上，用看不见的手把幸福和灾难分配给人们，把一些王国创造出来，又把它们毁掉，使一些民族产生，又使它们衰亡；但随着基础即随着私有制的消灭，随着对生产实行共产主义的调节以及这种调节所带来的人们对于自己产品的异己关系的消灭，供求关系的威力也将消失，人们将使交换、生产及他们发生相互关系的方式重新受自己的支配。

受到迄今为止一切历史阶段的生产力制约同时又反过来制约生产力的交往形式，就是**市民社会**。前面的叙述已经表明，这个社会是以简单的家庭和复杂的家庭，即所谓部落制度作为自己的前提和基础的。关于市民社会的比较详尽的定义已经包括在前面的叙述中了。从这里已经可以看出，这个市民社会是全部历史的真正发源地

和舞台，可以看出过去那种轻视现实关系而局限于言过其实的重大政治历史事件的历史观是何等荒谬。

到现在为止，我们主要只是考察了人类活动的一个方面——人**改造自然**。另一方面，是**人改造人**……

国家的起源和国家同市民社会的关系。

———

历史不外是各个世代的依次交替。每一代都利用以前各代遗留下来的材料、资金和生产力；由于这个缘故，每一代一方面在完全改变了的环境下继续从事所继承的活动，另一方面又通过完全改变了的活动来变更旧的环境。然而，事情被思辨地扭曲成这样：好像后期历史是前期历史的目的，例如，好像美洲的发现的根本目的就是要促使法国大革命的爆发。于是历史便具有了自己特殊的目的并成为某个与“其他人物”（像“自我意识”、“批判”、“唯一者”等等）“并列的人物”。其实，前期历史的“使命”、“目的”、“萌芽”、“观念”等词所表示的东西，终究不过是从后期历史中得出的抽象，不过是从前期历史对后期历史发生的积极影响中得出的抽象。

各个相互影响的活动范围在这个发展进程中越是扩大，各民族的原始封闭状态由于日益完善的生产方式、交往以及因交往而自然形成的不同民族之间的分工消灭得越是彻底，历史也就越是成为世界历史。例如，如果在英国发明了一种机器，它夺走了印度和中国的无数劳动者的饭碗，并引起这些国家的整个生存形式的改变，那么，这个发明便成为一个世界历史性的事实；同样，砂糖和咖啡是这样来表明自己在 19 世纪具有的世界历史意义的：拿破仑的大陆体系所引起的这两种产品的匮乏推动了德国人起来反抗拿破仑，从而就成为光荣的 1813 年解放战争的现实基础。由此可见，历史向世界历史的转变，不是“自我意识”、世界精神或者某个形而上学幽灵的某种纯粹的抽象行动，而是完全物质的、可以通过经验证明的行动，每一个过着实际生活的、需要吃、喝、穿的个人都可以证明这种行动。

单个人随着自己的活动扩大为世界历史性的活动，越来越受到对他们来说是异己的力量的支配（他们把这种压迫想象为所谓世界精神等等的圈套），受到日益扩大的、归根结底表现为**世界市场**的力量的支配，这种情况在迄今为止的历史中当然也是经验事实。但是，另一种情况也具有同样的经验根据，这就是：随着现存社会制度被共产主义革命所推翻（下面还要谈到这一点）以及与这一革命具有同等意义的私有制的消灭，这种对德国理论家们来说是如此神秘的力量也将被消灭；同时，每一个单个人的解放的程度是与历史完全转变为世界历史的程度一致的 。至于个人在精神上的现实丰富性完全取决于他的现实关系的丰富性，根据上面的叙述，这已经很清楚了。只有这样，单个人才能摆脱种种民族局限和地域局限而同整个世界的生产（也同精神的生产）发生实际联系，才能获得利用全球的这种全面的生产（人们的创造）的能力。各个人的**全面的**依存关系、他们的这种自然形成的**世界历史性的**共同活动的最初形式，由于这种共产主义革命而转化为对下述力量的控制和自觉的驾驭，这些力量本来是由人们的相互作用产生的，但是迄今为止对他们来说都作为完全异己的力量威慑和驾驭着他们。这种观点仍然可以用思辨的、观念的方式，也就是用幻想的方式解释为“类的自我产生”（“作为主体的社会”），从而把所有前后相继、彼此相联的个人想象为从事自我产生这种神秘活动的唯一的个人。这里很明显，尽管人们在肉体上和精神上**互相**创造着，但是他们既不像圣布鲁诺胡说的那样，也不像“唯一者”、“被创造的”人那样创造自己本身。

最后，我们从上面所阐述的历史观中还可以得出以下的结论：（1）生产力在其发展的过程中达到这样的阶段，在这个阶段上产生出来的生产力和交往手段在现存关系下只能造成灾难，这种生产力已经不是生产的力量，而是破坏的力量（机器和货币）。与此同时还产生了一个阶级，它必须承担社会的一切重负，而不能享受社会的福利，它被排斥于社会之外，因而不得不同其他一切阶级发生最激烈的对立；这个阶级构成了全体社会成员中的大多数，从这个阶级中产生出必须实行彻底革命的意识，即共产主义的意识，这种意识当然也可以在其他阶级中形成，只要它们认识到这个阶级的状况；（2）那些使一定的生产力能够得到利用的条件，是社会的一定阶级实行统治的条件，这个阶级的由其财产状况产生的社会权力，每一次都在相应的国家形式中获得**实践的**观念的表现，因此一切革命斗争都是针对在此以前实行统治的阶级的；（3）迄今为止的一切革命始终没有触动活动的性质，始终不过是按另外的方式分配这种活动，不过是在另一些人中间重新分配劳动，而共产主义革命则针对活动迄今具有的**性质**，消灭**劳动**，并消灭任何阶级的统治以及这些阶级本身，因为完成这个革命的是这样一个阶级，它在社会上已经不算是一个阶级，它已经不被承认是一个阶级，它已经成为现今社会的一切阶级、民族等等的解体的表现；（4）无论为了使这种共产主义意识普遍地产生还是为了实现事业本身，使人们普遍地发生变化是必需的，这种变化只有在实际运动中，在**革命**中才有可能实现；因此，革命之所以必需，不仅是因为没有任何其他的办法能够推翻**统治**阶级，而且还因为**推翻**统治阶级的那个阶级，只有在革命中才能抛掉自己身上的一切陈旧的肮脏东西，才能胜任重建社会的工作。

由此可见，这种历史观就在于：从直接生活的物质生产出发阐述现实的生产过程，把同这种生产方式相联系的、它所产生的交往形式即各个不同阶段上的市民社会理解为整个历史的基础，从市民社会作为国家的活动描述市民社会，同时从市民社会出发阐明意识的所有各种不同的理论产物和形式，如宗教、哲学、道德等等，而且追溯它们产生的过程。这样做当然就能够完整地描述事物了（因而也能够描述事物的这些不同方面之间的相互作用)。这种历史观和唯心主义历史观不同，它不是在每个时代中寻找某种范畴，而是始终站在现实历史的**基础**上，不是从观念出发来解释实践，而是从物质实践出发来解释各种观念形态，由此也就得出下述结论：意识的一切形式和产物不是可以通过精神的批判来消灭的，不是可以通过把它们消融在“自我意识”中或化为“怪影”、“幽灵”、“怪想”等等来消灭的，而只有通过实际地推翻这一切唯心主义谬论所由产生的现实的社会关系，才能把它们消灭；历史的动力以及宗教、哲学和任何其他理论的动力是革命，而不是批判。这种观点表明：历史不是作为“源于精神的精神”消融在“自我意识”中而告终的，历史的每一阶段都遇到一定的物质结果，一定的生产力总和，人对自然以及个人之间历史地形成的关系，都遇到前一代传给后一代的大量生产力、资金和环境，尽管一方面这些生产力、资金和环境为新的一代所改变，但另一方面，它们也预先规定新的一代本身的生活条件，使它得到一定的发展和具有特殊的性质。由此可见，这种观点表明：人创造环境，同样，环境也创造人。每个个人和每一代所遇到的现成的东西：生产力、资金和社会交往形式的总和，是哲学家们想象为“实体”和“人的本质”的东西的现实基础，是他们加以神化并与之斗争的东西的现实基础，这种基础尽管遭到以“自我意识”和“唯一者”的身份出现的哲学家们的反抗，但它对人们的发展所起的作用和影响却丝毫也不因此而受到干扰。各代所遇到的这些生活条件还决定着这样的情况：历史上周期性地重演的革命动荡是否强大到足以摧毁现存一切的基础；如果还没有具备这些实行全面变革的物质因素，就是说，一方面还没有一定的生产力，另一方面还没有形成不仅反抗旧社会的个别条件，而且反抗旧的“生活生产”本身、反抗旧社会所依据的“总和活动”的革命群众，那么，正如共产主义的历史所证明的，尽管这种变革的**观念**已经表述过千百次，但这对于实际发展没有任何意义。

迄今为止的一切历史观不是完全忽视了历史的这一现实基础，就是把它仅仅看成与历史进程没有任何联系的附带因素。因此，历史总是遵照在它之外的某种尺度来编写的；现实的生活生产被看成是某种非历史的东西，而历史的东西则被看成是某种脱离日常生活的东西，某种处于世界之外和超乎世界之上的东西。这样，就把人对自然界的关系从历史中排除出去了，因而造成了自然界和历史之间的对立。因此，这种历史观只能在历史上看到重大政治历史事件，看到宗教的和一般理论的斗争，而且在每次描述某一历史时代的时候，它都不得不赞同**这一时代的幻想**。例如，某一时代想象自己是由纯粹“政治的”或“宗教的”动因所决定的——尽管“宗教”和“政治”只是时代的现实动因的形式——，那么它的历史编纂学家就会接受这个意见。这些特定的人关于自己的真正实践的“想象”、“观念”变成了一种支配和决定这些人的实践的唯一起决定作用的和积极的力量。印度人和埃及人借以实现分工的粗陋形式在这些民族的国家和宗教中产生了种姓制度，于是历史学家就以为种姓制度是产生这种粗陋的社会形式的力量。法国人和英国人至少抱着一种毕竟是同现实最接近的政治幻想，而德国人却在“纯粹精神”的领域中兜圈子，把宗教幻想推崇为历史的动力。黑格尔的历史哲学是整个这种德国历史编纂学的最终的、达到自己“最纯粹的表现”的成果。对于**德国**历史编纂学来说，问题完全不在于现实的利益，甚至不在于政治的利益，而在于纯粹的思想。这种历史哲学后来在圣布鲁诺看来也一定是一连串的“思想”，其中一个吞噬一个，最终消失于“自我意识”中。圣麦克斯·施蒂纳更加彻底，他对全部现实的历史一窍不通，他认为历史进程必定只是“骑士”、强盗和幽灵的历史，他当然只有借助于“不信神”才能摆脱这种历史的幻觉而得救。这种观点实际上是宗教的观点：它把宗教的人假设为全部历史起点的原人，它在自己的想象中用宗教的幻想生产代替生活资料和生活本身的现实生产。整个这样的历史观及其解体和由此产生的怀疑和顾虑，仅仅是德国人**本民族**的事情，而且对德国来说也只有**地域性**的意义。例如，近来不断讨论着如何能够“从神的王国进入人的王国”这样一个重要问题，似乎这个“神的王国”不是存在于想象之中，而是存在于其他什么地方；似乎那些学识渊博的先生们不是一直生活在——他们自己并不知道——他们目前正在寻找途径以求到达的那个“人的王国”之中；似乎这种科学的娱乐——这确实只是一种娱乐——就在于去说明这个理论上的空中楼阁多么奇妙，而不是相反，去证明这种空中楼阁是从现实的尘世关系中产生的。通常这些德国人总是只关心把既有的一切无意义的论调变为某种别的胡说八道，就是说，他们假定，所有这些无意义的论调都具有某种需要揭示的特殊**意义**，其实全部问题只在于从现存的现实关系出发来说明这些理论词句。如前所说，要真正地、实际地消灭这些词句，从人们意识中消除这些观念，就要靠改变了的环境而不是靠理论上的演绎来实现。对于人民大众即无产阶级来说，这些理论观念并不存在，因而也不用去消灭它们。如果这些群众曾经有过某些理论观念，如宗教，那么现在这些观念也早已被环境消灭了。

上述问题及其解决方法所具有的纯粹民族的性质还表现在：这些理论家们郑重其事地认为，像“神人”、“人”等这类幻象，支配着各个历史时代；圣布鲁诺甚至断言：只有“批判和批判者创造了历史”。而当这些理论家亲自虚构历史时，他们会急匆匆地越过先前的一切，一下子从“蒙古人时代”转到真正“内容丰富的”历史，即《哈雷年鉴》和《德国年鉴》的历史，转到黑格尔学派在普遍争吵中解体的历史。所有其他民族和所有现实事件都被遗忘了，世界舞台局限于莱比锡的书市，局限于“批判”、“人”和“唯一者”的相互争吵。或许这些理论家有朝一日会着手探讨真正的历史主题，例如 18 世纪，那时他们也只是提供观念的历史，这种历史是和构成这些观念的基础的事实和实际发展过程脱离的，而他们阐述这种历史的意图也只是把所考察的时代描绘成在真正的历史时代即 1840—1844 年德国哲学斗争时代到来之前的一个不完善的预备阶段、尚有局限性的前奏时期。他们抱的目的是为了使某个非历史性人物及其幻想流芳百世而编写前期的历史，与这一目的相适应的是：他们根本不提一切真正历史的事件，甚至不提政治对历史进程的真正历史性的干预，为此他们的叙述不是以研究而是以虚构和文学闲篇为根据，如像圣布鲁诺在他那本已被人遗忘的《18 世纪的历史》一书中所做的那样。这些唱高调、爱吹嘘的思想贩子以为他们无限地超越于任何民族偏见之上，其实他们比梦想德国统一的啤酒店庸人带有更多的民族偏见。他们根本不承认其他民族的业绩是历史性的；他们生活在德国，依靠德国和为着德国而生活；他们把莱茵之歌变为圣歌并征服阿尔萨斯和洛林，其办法不是剽窃法兰西国家，而是剽窃法兰西哲学，不是把法兰西省份德国化，而是把法兰西思想德国化。费奈迭先生，同打着理论的世界统治这面旗帜而宣布德国的世界统治的圣布鲁诺和圣麦克斯相比较，是一个世界主义者。

从这些分析中还可以看出，费尔巴哈是多么错误，他（《维干德季刊》1845 年第 2 卷）竟借助于“共同人”这一规定宣称自己是共产主义者，把这一规定变成“**人**”的谓词，以为这样一来又可以把表达现存世界中特定革命政党的拥护者的“共产主义者”一词变成一个空洞范畴。费尔巴哈关于人与人之间的关系的全部推论无非是要证明：人们是互相需要的，而且**过去一直**是互相**需要**的。他希望确立对这一事实的理解，也就是说，和其他的理论家一样，他只是希望确立对**现存的**事实的正确理解，然而一个真正的共产主义者的任务却在于推翻这种现存的东西。不过，我们完全承认，费尔巴哈在力图理解**这一**事实的时候，达到了理论家一般所能达到的地步，他还是一位理论家和哲学家。然而值得注意的是：圣布鲁诺和圣麦克斯立即用费尔巴哈关于共产主义者的观念来代替真正的共产主义者，这样做的目的多少是为了使他们能够像同“源于精神的精神”、同哲学范畴、同势均力敌的对手作斗争那样来同共产主义作斗争，而就圣布鲁诺来说，这样做也还是为了实际的利益。我们举出《未来哲学》中的一个地方作为例子，来说明费尔巴哈既承认现存的东西同时又不了解现存的东西，这一点始终是费尔巴哈和我们的对手的共同之点。费尔巴哈在那里阐述道：某物或某人的存在同时也就是某物或某人的本质；一个动物或一个人的一定生存条件、生活方式和活动，就是使这个动物或这个人的“本质”感到满意的东西。任何例外在这里都被肯定地看做是不幸的偶然事件，是不能改变的反常现象。这样说来，如果千百万无产者根本不满意他们的生活条件，如果他们的“存在”同他们的“本质”完全不符合，那么，根据上述论点，这是不可避免的不幸，应当平心静气地忍受这种不幸。可是，这千百万无产者或共产主义者所想的完全不一样，而且这一点他们将在适当时候，在实践中，即通过革命使自己的“存在”同自己的“本质”协调一致的时候予以证明。因此，在这样的场合费尔巴哈从来不谈人的世界，而是每次都求救于外部自然界，而且是**那个**尚未置于人的统治之下的自然界。但是，每当有了一项新的发明，每当工业前进一步，就有一块新的地盘从这个领域划出去，而能用来说明费尔巴哈这类论点的事例借以产生的基地，也就越来越小了。现在我们只来谈谈其中的一个论点：鱼的“本质”是它的“存在”，即水。河鱼的“本质”是河水。但是，一旦这条河归工业支配，一旦它被染料和其他废料污染，成为轮船行驶的航道，一旦河水被引入水渠，而水渠的水只要简单地排放出去就会使鱼失去生存环境，那么这条河的水就不再是鱼的“本质”了，对鱼来说它将不再是适合生存的环境了。把所有这类矛盾宣布为不可避免的反常现象，实质上，同圣麦克斯·施蒂纳对不满者的安抚之词没有区别，施蒂纳说，这种矛盾是他们自己的矛盾，这种恶劣环境是他们自己的恶劣环境，而且他们可以安于这种环境，或者忍住自己的不满，或者以幻想的方式去反抗这种环境。同样，这同圣布鲁诺的责难也没有区别，布鲁诺说，这些不幸情况的发生是由于那些当事人陷入“实体”这堆粪便之中，他们没有达到“绝对自我意识”，也没有认清这些恶劣关系是源于自己精神的精神。

[III]

统治阶级的思想在每一时代都是占统治地位的思想。这就是说，一个阶级是社会上占统治地位的**物质**力量，同时也是社会上占统治地位的**精神**力量。支配着物质生产资料的阶级，同时也支配着精神生产资料，因此，那些没有精神生产资料的人的思想，一般地是隶属于这个阶级的。占统治地位的思想不过是占统治地位的物质关系在观念上的表现，不过是以思想的形式表现出来的占统治地位的物质关系；因而，这就是那些使某一个阶级成为统治阶级的关系在观念上的表现，因而这也就是这个阶级的统治的思想。此外，构成统治阶级的各个个人也都具有意识，因而他们也会思维；既然他们作为一个阶级进行统治，并且决定着某一历史时代的整个面貌，那么，不言而喻，他们在这个历史时代的一切领域中也会这样做，就是说，他们还作为思维着的人，作为思想的生产者进行统治，他们调节着自己时代的思想的生产和分配；而这就意味着他们的思想是一个时代的占统治地位的思想。例如，在某一国家的某个时期，王权、贵族和资产阶级为夺取统治而争斗，因而，在那里统治是分享的，那里占统治地位的思想就会是关于分权的学说，于是分权就被宣布为“永恒的规律”。

我们在上面（第［534—538］页）已经说明分工是迄今为止历史的主要力量之一，现在，分工也以精神劳动和物质劳动的分工的形式在统治阶级中间表现出来，因此在这个阶级内部，一部分人是作为该阶级的思想家出现的，他们是这一阶级的积极的、有概括能力的意识形态家，他们把编造这一阶级关于自身的幻想当做主要的谋生之道，而另一些人对于这些思想和幻想则采取比较消极的态度，并且准备接受这些思想和幻想，因为在实际中他们是这个阶级的积极成员，并且很少有时间来编造关于自身的幻想和思想。在这一阶级内部，这种分裂甚至可以发展成为这两部分人之间的某种程度的对立和敌视，但是一旦发生任何实际冲突，即当这一阶级本身受到威胁的时候，当占统治地位的思想好像不是统治阶级的思想而且这种思想好像拥有与这一阶级的权力不同的权力这种假象也趋于消失的时候，这种对立和敌视便会自行消失。一定时代的革命思想的存在是以革命阶级的存在为前提的，关于这个革命阶级的前提所必须讲的，在前面（第［536—539，542—543］页）已经讲过了。

然而，在考察历史进程时，如果把统治阶级的思想和统治阶级本身分割开来，使这些思想独立化，如果不顾生产这些思想的条件和它们的生产者而硬说该时代占统治地位的是这些或那些思想，也就是说，如果完全不考虑这些思想的基础——个人和历史环境，那就可以这样说：例如，在贵族统治时期占统治地位的概念是荣誉、忠诚，等等，而在资产阶级统治时期占统治地位的概念则是自由、平等，等等。一般说来，统治阶级总是自己为自己编造出诸如此类的幻想。所有的历史编纂学家，主要是 18 世纪以来的历史编纂学家所共有的这种历史观，必然会碰到这样一种现象：占统治地位的将是越来越抽象的思想，即越来越具有普遍性形式的思想。因为每一个企图取代旧统治阶级的新阶级，为了达到自己的目的不得不把自己的利益说成是社会全体成员的共同利益，就是说，这在观念上的表达就是：赋予自己的思想以普遍性的形式，把它们描绘成唯一合乎理性的、有普遍意义的思想。进行革命的阶级，仅就它对抗另一个**阶级**而言，从一开始就不是作为一个阶级，而是作为全社会的代表出现的；它以社会全体群众的姿态反对唯一的统治阶级 。它之所以能这样做，是因为它的利益在开始时的确同其余一切非统治阶级的共同利益还有更多的联系，在当时存在的那些关系的压力下还不能够发展为特殊阶级的特殊利益。因此，这一阶级的胜利对于其他未能争得统治地位的阶级中的许多个人来说也是有利的，但这只是就这种胜利使这些个人现在有可能升入统治阶级而言。当法国资产阶级推翻了贵族的统治之后，它使许多无产者有可能升到无产阶级之上，但是只有当他们变成资产者的时候才达到这一点。由此可见，每一个新阶级赖以实现自己统治的基础，总比它以前的统治阶级所依赖的基础要宽广一些；可是后来，非统治阶级和正在进行统治的阶级之间的对立也发展得更尖锐和更深刻。这两种情况使得非统治阶级反对新统治阶级的斗争在否定旧社会制度方面，又要比过去一切争得统治的阶级所作的斗争更加坚决、更加彻底。

只要阶级的统治完全不再是社会制度的形式，也就是说，只要不再有必要把特殊利益说成是普遍利益，或者把“普遍的东西”说成是占统治地位的东西，那么，一定阶级的统治似乎只是某种思想的统治这整个假象当然就会自行消失。

把占统治地位的思想同进行统治的个人分割开来，主要是同生产方式的一定阶段所产生的各种关系分割开来，并由此得出结论说，历史上始终是思想占统治地位，这样一来，就很容易从这些不同的思想中抽象出“**思想**”、观念等等，并把它们当做历史上占统治地位的东西，从而把所有这些个别的思想和概念说成是历史上发展着的**概念**的“自我规定”。在这种情况下，从人的概念、想象中的人、人的本质、人中能引申出人们的一切关系，也就很自然了。思辨哲学就是这样做的。黑格尔本人在《历史哲学》的结尾承认，他“所考察的仅仅是**概念**的前进运动”，他在历史方面描述了“真正的**神正论**”（第 446 页）。这样一来，就可以重新回复到“概念”的生产者，回复到理论家、意识形态家和哲学家，并得出结论说：哲学家、思维着的人本身自古以来就是在历史上占统治地位的。这个结论，如我们所看到的，早就由黑格尔表述过了。这样，证明精神在历史上的最高统治（施蒂纳的教阶制）的全部戏法，可以归结为以下三个手段：

第一，必须把进行统治的个人——而且是由于种种经验的原因、在经验的条件下和作为物质的个人进行统治的个人——的思想同这些进行统治的个人本身分割开来，从而承认思想或幻想在历史上的统治。

第二，必须使这种思想统治具有某种秩序，必须证明，在一个个相继出现的占统治地位的思想之间存在着某种神秘的联系，而要做到这一点，就得把这些思想看做是“概念的自我规定”（所以能这样做，是因为这些思想凭借自己的经验的基础，彼此确实是联系在一起的，还因为它们被**仅仅**当做思想来看待，因而就变成自我差别，变成由思维产生的差别）。

第三，为了消除这种“自我规定着的概念”的神秘外观，便把它变成某种人物——“自我意识”；或者，为了表明自己是真正的唯物主义者，又把它变成在历史上代表着“概念”的许多人物——“思维着的人”、“哲学家”、意识形态家，而这些人又被看做是历史的制造者、“监护人会议”、统治者 。这样一来，就把一切唯物主义的因素从历史上消除了，就可以任凭自己的思辨之马自由奔驰了。

要说明这种曾经在德国占统治地位的历史方法，以及说明它为什么主要在德国占统治地位的原因，就必须从它与一切意识形态家的幻想，例如，与法学家、政治家（包括实际的国务活动家）的幻想的联系出发，必须从这些家伙的独断的玄想和曲解出发。而从他们的实际生活状况、他们的职业和分工出发，是很容易说明这些幻想、玄想和曲解的。

在日常生活中任何一个小店主都能精明地判别某人的假貌和真相，然而我们的历史编纂学却还没有获得这种平凡的认识，不论每一时代关于自己说了些什么和想象了些什么，它都一概相信。

[IV]

[……] 从前者产生了发达分工和广泛贸易的前提，从后者产生了地域局限性。在前一种情况下，各个人必须聚集在一起，在后一种情况下，他们本身已作为生产工具而与现有的生产工具并列在一起。因此，这里出现了自然形成的生产工具和由文明创造的生产工具之间的差异。**耕地**（水，等等）可以看做是自然形成的生产工具。在前一种情况下，即在自然形成的生产工具的情况下，各个人受自然界的支配，在后一种情况下，他们受劳动产品的支配。因此在前一种情况下，财产（地产）也表现为直接的、自然形成的统治，而在后一种情况下，则表现为劳动的统治，特别是积累起来的劳动即资本的统治。前一种情况的前提是，各个人通过某种联系——家庭、部落或者甚至是土地本身，等等——结合在一起；后一种情况的前提是，各个人互不依赖，仅仅通过交换集合在一起。在前一种情况下，交换主要是人和自然之间的交换，即以人的劳动换取自然的产品，而在后一种情况下，主要是人与人之间进行的交换。在前一种情况下，只要具备普通常识就够了，体力活动和脑力活动彼此还完全没有分开；而在后一种情况下，脑力劳动和体力劳动之间实际上应该已经实行分工。在前一种情况下，所有者对非所有者的统治可以依靠个人关系，依靠这种或那种形式的共同体；在后一种情况下，

这种统治必须采取物的形式，通过某种第三者，即通过货币。在前一种情况下，存在着小工业，但这种工业决定于自然形成的生产工具的使用，因此这里没有不同的个人之间的分工；在后一种情况下，工业只有在分工的基础上和依靠分工才能存在。

到现在为止我们都是以生产工具为出发点，这里已经表明，对于工业发展的一定阶段来说，私有制是必要的。在采掘工业中私有制和劳动还是完全一致的；在小工业以及到目前为止的整个农业中，所有制是现存生产工具的必然结果；在大工业中，生产工具和私有制之间的矛盾才是大工业的产物，这种矛盾只有在大工业高度发达的情况下才会产生。因此，只有随着大工业的发展才有可能消灭私有制。

———

物质劳动和精神劳动的最大的一次分工，就是城市和乡村的分离。城乡之间的对立是随着野蛮向文明的过渡、部落制度向国家的过渡、地域局限性向民族的过渡而开始的，它贯穿着文明的全部历史直至现在（反谷物法同盟）。——随着城市的出现，必然要有行政机关、警察、赋税等等，一句话，必然要有公共机构，从而也就必然要有一般政治。在这里，居民第一次划分为两大阶级，这种划分直接以分工和生产工具为基础。城市已经表明了人口、生产工具、资本、享受和需求的集中这个事实；而在乡村则是完全相反的情况：隔绝和分散。城乡之间的对立只有在私有制的范围内才能存在。城乡之间的对立是个人屈从于分工、屈从于他被迫从事的某种活动的最鲜明的反映，这种屈从把一部分人变为受局限的城市动物，把另一部分人变为受局限的乡村动物，并且每天都重新产生二者利益之间的对立。在这里，劳动仍然是最主要的，是凌驾于个人之上的力量；只要这种力量还存在，私有制也就必然会存在下去。消灭城乡之间的对立，是共同体的首要条件之一，这个条件又取决于许多物质前提，而且任何人一看就知道，这个条件单靠意志是不能实现的（这些条件还须详加探讨）。城市和乡村的分离还可以看做是资本和地产的分离，看做是资本不依赖于地产而存在和发展的开始，也就是仅仅以劳动和交换为基础的所有制的开始。

在中世纪，有一些城市不是从前期历史中现成地继承下来的，而是由获得自由的农奴重新建立起来的。在这些城市里，每个人的唯一财产，除开他随身带着的几乎全是最必需的手工劳动工具构成的那一点点资本之外，就只有他的特殊的劳动。不断流入城市的逃亡农奴的竞争；乡村反对城市的连绵不断的战争，以及由此产生的组织城市武装力量的必要性；共同占有某种手艺而形成的联系；在手工业者同时又是商人的时期，必须有在公共场所出卖自己的商品以及与此相联的禁止外人进入这些场所的规定；各手工业间利益的对立；保护辛苦学来的手艺的必要性；全国性的封建组织，——所有这些都是各行各业的手艺人联合为行会的原因。这里我们不打算详细地谈论以后历史发展所引起的行会制度的多种变化。在整个中世纪，农奴不断地逃入城市。这些在乡村遭到自己主人迫害的农奴是只身流入城市的，他们在这里遇见了有组织的团体，对于这种团体他们是没有力量反对的，在它的范围内，他们只好屈从于由他们那些有组织的城市竞争者对他们劳动的需要以及由这些竞争者的利益所决定的处境。这些只身流入城市的劳动者根本不可能成为一种力量，因为，如果他们的劳动带有行会的性质并需要培训，那么行会师傅就会使他们从属于自己，并按照自己的利益来组织他们；或者，如果这种劳动不需要培训，因而不是行会劳动，而是短工，那么劳动者就根本组织不起来，始终是无组织的平民。城市对短工的需要造成了平民。

这些城市是真正的“联盟”，这些“联盟”的产生是由于直接的需要，由于对保护财产、增加各成员的生产资料和防卫手段的关心。

这些城市的平民是毫无力量的，因为他们都是只身流入城市的彼此素不相识的个人，他们无组织地同有组织、有武装配备并用忌妒的眼光监视着他们的力量相抗衡。每一行业中的帮工和学徒都以最适合于师傅利益的方式组织起来；他们和师傅之间的宗法关系使师傅具有双重力量：第一，师傅对帮工的全部生活有直接的影响；第二，帮工在同一师傅手下做工，对这些帮工来说这是一根真正的纽带，它使这些帮工联合起来反对其他师傅手下的帮工，并同他们分隔开来；最后，帮工由于自己也想成为师傅而与现存制度结合在一起了。因此，平民至少还举行暴动来反对整个城市制度，不过由于他们软弱无力而没有任何结果，而帮工们只在个别行会内搞一些与行会制度本身的存在有关的小冲突。中世纪所有的大规模起义都是从乡村爆发起来的，但是由于农民的分散性以及由此而来的不成熟，这些起义也毫无结果。

这些城市中的资本是自然形成的资本；它是由住房、手工劳动工具和自然形成的世代相袭的主顾组成的，并且由于交往不发达和流通不充分而没有实现的可能，只好父传子，子传孙。这种资本和现代资本不同，它不是以货币计算的资本——用货币计算，资本体现为哪一种物品都一样——，而是直接同占有者的特定的劳动联系在一起、同它完全不可分割的资本，因此就这一点来说，它是**等级**资本。

在城市中各行会之间的分工还是非常少的，而在行会内部，各劳动者之间则根本没有什么分工。每个劳动者都必须熟悉全部工序，

凡是用他的工具能够做的一切，他必须都会做；各城市之间的有限交往和少量联系、居民稀少和需求有限，都妨碍了分工的进一步发展，因此，每一个想当师傅的人都必须全盘掌握本行手艺。正因为如此，中世纪的手工业者对于本行专业劳动和熟练技巧还是有兴趣的，这种兴趣可以升华为某种有限的艺术感。然而也是由于这

个原因，中世纪的每一个手工业者对自己的工作都是兢兢业业，安于奴隶般的关系，因而他们对工作的屈从程度远远超过对本身工作漠不关心的现代工人。

分工的进一步扩大是生产和交往的分离，是商人这一特殊阶级的形成。这种分离在随历史保存下来的城市（其中有住有犹太人的城市）里被继承下来，并很快就在新兴的城市中出现了。这样就产生了同邻近地区以外的地区建立贸易联系的可能性，这种可能性之变为现实，取决于现有的交通工具的情况，取决于政治关系所决定的沿途社会治安状况（大家知道，整个中世纪，商人都是结成武装商队行动的）以及取决于交往所及地区内相应的文化水平所决定的比较粗陋或比较发达的需求。

随着交往集中在一个特殊阶级手里，随着商人所促成的同城市近郊以外地区的通商的扩大，在生产和交往之间也立即发生了相互作用。城市**彼此**建立了联系，新的劳动工具从一个城市运往另一个城市，生产和交往之间的分工随即引起了各城市之间在生产上的新的分工，不久每一个城市都设立一个占优势的工业部门。最初的地域局限性开始逐渐消失。

某一个地域创造出来的生产力，特别是发明，在往后的发展中是否会失传，完全取决于交往扩展的情况。当交往只限于毗邻地区的时候，每一种发明在每一个地域都必须单独进行；一些纯粹偶然的事件，例如蛮族的入侵，甚至是通常的战争，都足以使一个具有发达生产力和有高度需求的国家陷入一切都必须从头开始的境地。在历史发展的最初阶段，每天都在重新发明，而且每个地域都是独立进行的。发达的生产力，即使在通商相当广泛的情况下，也难免遭到彻底的毁灭。关于这一点，腓尼基人的例子就可以说明。由于这个民族被排挤于商业之外，由于他们被亚历山大征服以及继之而来的衰落，他们的大部分发明都长期失传了。再如中世纪的玻璃绘画术也有同样的遭遇。只有当交往成为世界交往并且以大工业为基础的时候，只有当一切民族都卷入竞争斗争的时候，保持已创造出来的生产力才有了保障。

不同城市之间的分工的直接结果就是工场手工业的产生，即超出行会制度范围的生产部门的产生。工场手工业的初期繁荣——先是在意大利，然后是在佛兰德——的历史前提，是同外国各民族的交往。在其他国家，例如在英国和法国，工场手工业最初只限于国内市场。除上述前提外，工场手工业还以人口特别是乡村人口的不断集中和资本的不断积聚为前提。资本开始积聚到个人手里，一部分违反行会法规积聚到行会中，一部分积聚到商人手里。

那种一开始就以机器，尽管还是以具有最粗陋形式的机器为前提的劳动，很快就显出它是最有发展能力的。过去农民为了得到自己必需的衣着而在乡村中附带从事的织布业，是由于交往的扩大才获得了动力并得到进一步发展的第一种劳动。织布业是最早的工场手工业，而且一直是最主要的工场手工业。随着人口增长而增长的对衣料的需求，由于流通加速而开始的自然形成的资本的积累和运用，以及由此引起的并由于交往逐渐扩大而日益增长的对奢侈品的需求，——所有这一切都推动了织布业在数量上和质量上的发展，使它脱离了旧有的生产形式。除了为自身需要而一直在继续从事纺织的农民外，在城市里产生了一个新的织工阶级，他们所生产的布匹被用来供应整个国内市场，通常还供应国外市场。

织布是一种多半不需要很高技能并很快就分化成无数部门的劳动，由于自己的整个特性，它抵制行会的束缚。因此，织布业多半在没有行会组织的乡村和小市镇上经营，这些地方逐渐变为城市，而且很快就成为每个国家最繁荣的城市。

随着摆脱了行会束缚的工场手工业的出现，所有制关系也立即发生了变化。越过自然形成的等级资本而向前迈出的第一步，是由商人的出现所促成的，商人的资本一开始就是活动的，如果针对当时的情况来讲，可以说是现代意义上的资本。第二步是随着工场手工业的出现而迈出的，工场手工业又运用了大量自然形成的资本，并且同自然形成的资本的数量比较起来，一般是增加了活动资本的数量。

同时，工场手工业还成了农民摆脱那些不雇用他们或付给他们极低报酬的行会的避难所，就像行会城市过去曾是农民摆脱土地占有者的避难所一样。

随着工场手工业的产生，同时也就开始了一个流浪时期，这个时期的形成是由于：取消了封建侍从，解散了拼凑起来并效忠帝王、镇压其诸侯的军队，改进了农业以及把大量耕地变为牧场。从这里已经可以清楚地看出，这种流浪现象是和封建制度的瓦解密切联系着的。早在 13 世纪就曾出现过的个别类似的流浪时期，只是在 15 世纪末和 16 世纪初才成为普遍而持久的现象。这些流浪者人数非常多，其中单单由英王亨利八世下令绞死的就有 72 000 人，只有付出最大的力量，只有在他们穷得走投无路而且经过长期反抗之后，才能迫使他们去工作。迅速繁荣起来的工场手工业，特别是在英国，渐渐地吸收了他们。

随着工场手工业的出现，各国进入竞争的关系，展开了商业斗争，这种斗争是通过战争、保护关税和各种禁令来进行的，而在过去，各国只要彼此有了联系，就互相进行和平的交易。从此以后商业便具有了政治意义。

随着工场手工业的出现，工人和雇主的关系也发生了变化。在行会中，帮工和师傅之间的宗法关系继续存在，而在工场手工业中，这种关系由工人和资本家之间的金钱关系代替了；在乡村和小城市中，这种关系仍然带有宗法色彩，而在比较大的、真正的工场手工业城市里，则早就失去了几乎全部宗法色彩。

随着美洲和通往东印度的航线的发现，交往扩大了，工场手工业和整个生产运动有了巨大的发展。从那里输入的新产品，特别是进入流通的大量金银完全改变了阶级之间的相互关系，并且沉重地打击了封建土地所有制和劳动者；冒险者的远征，殖民地的开拓，首先是当时市场已经可能扩大为而且日益扩大为世界市场，——所有这一切产生了历史发展的一个新阶段，关于这个阶段的一般情况我们不准备在这里多谈。新发现的土地的殖民地化，又助长了各国之间的商业斗争，因而使这种斗争变得更加广泛和更加残酷了。

商业和工场手工业的扩大，加速了活动资本的积累，而在那些没有受到刺激去扩大生产的行会里，自然形成的资本却始终没有改变，甚至还减少了。商业和工场手工业产生了大资产阶级，而集中在行会里的是小资产阶级，现在它已经不再像过去那样在城市里占统治地位了，而是必须屈从于大商人和工场手工业主的统治。由此可见，行会一跟工场手工业接触，就衰落下去了。

在我们所谈到的这个时代里，各国在彼此交往中建立起来的关系具有两种不同的形式。起初，由于流通的金银数量很少，这些金属是禁止出口的；另一方面，工业，即由于必须给不断增长的城市人口提供就业机会而不可或缺的、大部分是从国外引进的工业，没有特权不行，当然，这种特权不仅可以用来对付国内的竞争，而且主要是用来对付国外的竞争。通过这些最初的禁令，地方的行会特权便扩展到全国。关税产生于封建主对其领地上的过往客商所征收的捐税，即客商交的免遭抢劫的买路钱。后来各城市也征收这种捐税，在现代国家出现之后，这种捐税便是国库进款的最方便的手段。

美洲的金银在欧洲市场上的出现，工业的逐步发展，贸易的迅速高涨以及由此引起的不受行会束缚的资产阶级的兴旺发达和货币的活跃流通，——所有这一切都使上述各种措施具有另外的意义。国家日益不可缺少货币，为充实国库起见，它现在仍然禁止输出金银；资产者对此完全满意，因为这些刚刚投入市场的大量货币，成了他们进行投机买卖的主要对象；过去的特权成了政府收入的来源，并且可以用来卖钱；在关税法中有了出口税，这种税只是阻碍了工业的发展，纯粹是以充实国库为目的。

第二个时期开始于 17 世纪中叶，它几乎一直延续到 18 世纪末。商业和航运比那种起次要作用的工场手工业发展得更快；各殖民地开始成为巨大的消费者；各国经过长期的斗争，彼此瓜分了已开辟出来的世界市场。这一时期是从航海条例和殖民地垄断开始的。各国间的竞争尽可能通过关税率、禁令和各种条约来消除，但是归根结底，竞争的斗争还是通过战争（特别是海战）来进行和解决的。最强大的海上强国英国在商业和工场手工业方面都占据优势。这里已经出现商业和工场手工业集中于一个国家的现象。

对工场手工业一直是采用保护的办法：在国内市场上实行保护关税，在殖民地市场上实行垄断，而在国外市场上则尽量实行差别关税。本国生产的原料（英国的羊毛和亚麻，法国的丝）的加工受到鼓励，国内出产的原料（英国的羊毛）禁止输出，进口原料的[加工]仍受到歧视或压制（如棉花在英国）。在海上贸易和殖民实力方面占据优势的国家，自然能保证自己的工场手工业在数量和质量上得到最广泛的发展。工场手工业一般离开保护是不行的，因为只要其他国家发生任何最微小的变动都足以使它失去市场而遭到破产。只要在稍微有利的条件下，工场手工业就可以很容易地在某个国家建立起来，正因为这样，它也很容易被破坏。同时，它的经营方式，特别是 18 世纪在乡村里的经营方式，使它和广大的个人的生活条件结合在一起，以致没有一个国家敢于不顾工场手工业的生存而允许自由竞争。因此，工场手工业就它能够输出自己的产品来说，完全依赖于商业的扩大或收缩，而它对商业的反作用，相对来说是很微小的。这就决定了工场手工业的次要作用和 18 世纪商人的影响。正是这些商人，特别是船主最迫切地要求国家保护和垄断；诚然，工场手工业主也要求保护并且得到了保护，但是从政治意义上来说，他们始终不如商人。商业城市，特别是沿海城市已达到了一定的文明程度，并带有大资产阶级性质，而在工厂城市里仍然是小资产阶级势力占统治。参看艾金。18 世纪是商业的世纪。平托关于这一点说得很明确："贸易是本世纪的嗜好。"他还说："从某个时期开始，人们就只谈论经商、航海和船队了。"

虽然资本的运动已大大加速了，但相对来说总还是缓慢的。世界市场分割成各个部分，其中每一部分都由单独一个国家来经营；各国之间的竞争的消除；生产本身的不灵活以及刚从最初阶段发展起来的货币制度，——所有这一切都严重地妨碍了流通。这一切造成的结果就是当时一切商人和一切经商方式都具有斤斤计较的卑鄙的小商人习气。当时的商人同工场手工业主，特别是同手工业者比较起来当然是大市民——资产者，但是如果同后一时期的商人和工业家比较起来，他们仍旧是小市民。见亚·斯密。

这一时期还有这样一些特征：禁止金银外运法令的废除，货币经营业、银行、国债和纸币的产生，股票投机和有价证券投机，各种物品的投机倒把等现象的出现以及整个货币制度的发展。资本又有很大一部分丧失了它原来还带有的那种自然性质。

在 17 世纪，商业和工场手工业不可阻挡地集中于一个国家——英国。这种集中逐渐地给这个国家创造了相对的世界市场，因而也造成了对这个国家的工场手工业产品的需求，这种需求是旧的工业生产力所不能满足的。这种超过了生产力的需求正是引起中世纪以来私有制发展的第三个时期的动力，它产生了大工业——把自然力用于工业目的，采用机器生产以及实行最广泛的分工。这一新阶段的其他条件——国内的自由竞争，理论力学的发展（牛顿所完成的力学在 18 世纪的法国和英国都是最普及的科学）等等——在英国都已具备了。（国内的自由竞争到处都必须通过革命的手段争得——英国 1640 年和 1688 年的革命，法国 1789 年的革命。）竞争很快就迫使每一个不愿丧失自己的历史作用的国家为保护自己的工场手工业而采取新的关税措施（旧的关税已无力抵制大工业了），并随即在保护关税之下兴办大工业。尽管有这些保护措施，大工业仍使竞争普遍化了（竞争是实际的贸易自由；保护关税在竞争中只是治标的办法，是贸易自由**范围内**的防卫手段），大工业创造了交通工具和现代的世界市场，控制了商业，把所有的资本都变为工业资本，从而使流通加速（货币制度得到发展）、资本集中。大工业通过普遍的竞争迫使所有个人的全部精力处于高度紧张状态。它尽可能地消灭意识形态、宗教、道德等等，而在它无法做到这一点的地方，它就把它们变成赤裸裸的谎言。它首次开创了世界历史，因为它使每个文明国家以及这些国家中的每一个人的需要的满足都依赖于整个世界，因为它消灭了各国以往自然形成的闭关自守的状态。它使自然科学从属于资本，并使分工丧失了自己自然形成的性质的最后一点假象。它把自然形成的性质一概消灭掉（只要在劳动的范围内有可能做到这一点），它还把所有自然形成的关系变成货币的关系。它建立了现代的大工业城市——它们的出现如雨后春笋——来代替自然形成的城市。凡是它渗入的地方，它就破坏手工业和工业的一切旧阶段。它使城市最终战胜了乡村。它的［……］是自动体系。［它］造成了大量的生产力，对于这些生产力来说，私有制成了它们发展的桎梏，正如行会成为工场手工业的桎梏、小规模的乡村生产成为日益发展的手工业的桎梏一样。在私有制的统治下，这些生产力只获得了片面的发展，对大多数人来说成了破坏的力量，而许多这样的生产力在私有制下根本得不到利用。一般说来，大工业到处造成了社会各阶级间相同的关系，从而消灭了各民族的特殊性。最后，当每一民族的资产阶级还保持着它的特殊的民族利益的时候，大工业却创造了这样一个阶级，这个阶级在所有的民族中都具有同样的利益，在它那里民族独特性已经消灭，这是一个真正同整个旧世界脱离而同时又与之对立的阶级。大工业不仅使工人对资本家的关系，而且使劳动本身都成为工人不堪忍受的东西。

当然，在一个国家里，大工业不是在一切地域都达到了同样的发展水平。但这并不能阻碍无产阶级的阶级运动，因为大工业产生的无产者领导着这个运动并且引导着所有的群众，还因为没有卷入大工业的工人，被大工业置于比在大工业中做工的工人更糟的生活境遇。同样，大工业发达的国家也影响着那些或多或少是非工业性质的国家，因为那些国家由于世界交往而被卷入普遍竞争的斗争中。

这些不同的形式同时也是劳动组织的形式，从而也是所有制的形式。在每一个时期都发生现存的生产力相结合的现象，因为需求使这种结合成为必要的。

生产力和交往形式之间的这种矛盾——正如我们所见到的，它在迄今为止的历史中曾多次发生过，然而并没有威胁交往形式的基础——，每一次都不免要爆发为革命，同时也采取各种附带形式，如冲突的总和，不同阶级之间的冲突，意识的矛盾，思想斗争，政治斗争，等等。从狭隘的观点出发，可以从其中抽出一种附带形式，把它看做是这些革命的基础，而这样做是相当容易的，因为进行这些革命的个人都由于自身的文化水平和所处的历史发展阶段，而对他们自己的活动本身抱有种种幻想。

因此，按照我们的观点，一切历史冲突都根源于生产力和交往形式之间的矛盾。此外，不一定非要等到这种矛盾在某一国家发展到极端尖锐的地步，才导致这个国家内发生冲突。由广泛的国际交往所引起的同工业比较发达的国家的竞争，就足以使工业比较不发达的国家内产生类似的矛盾（例如，英国工业的竞争使德国潜在的无产阶级显露出来了）。

尽管竞争把各个人汇集在一起，它却使各个人，不仅使资产者，而且更使无产者彼此孤立起来。因此这会持续很长时间，直到这些个人能够联合起来，更不用说，为了这种联合——如果它不仅仅是地域性的联合——，大工业应当首先创造出必要的手段，即大工业城市和廉价而便利的交通。因此只有经过长期的斗争，才能战胜同这些孤立的、生活在每天都重复产生着孤立状态的条件下的个人相对立的一切有组织的势力。要求相反的东西，就等于要求在这个特定的历史时代不要有竞争，或者说，就等于要求各个人从头脑中抛掉他们作为被孤立的人所无法控制的那些关系。

住宅建筑。不言而喻，野蛮人的每一个家庭都有自己的洞穴和茅舍，正如游牧人的每一个家庭都有独自的帐篷一样。这种单个分开的家庭经济由于私有制的进一步发展而成为更加必需的了。在农业民族那里，共同的家庭经济也和共同的耕作一样是不可能的。城市的建造是一大进步。但是，在过去任何时代，消灭单个分开的经济——这是与消灭私有制分不开的——是不可能的，因为还没有具备这样做的物质条件。组织共同的家庭经济的前提是发展机器，利用自然力和许多其他的生产力，例如自来水、煤气照明、蒸汽采暖等，以及消灭城乡之间的［对立］。没有这些条件，共同的经济本身将不会再成为新生产力，将没有任何物质基础，将建立在纯粹的理论基础上，就是说，将是一种纯粹的怪想，只能导致寺院经济。——还可能有什么呢？——这就是城市里的集中和为了各个特定目的而进行的公共房舍（监狱、兵营等）的兴建。不言而喻，消灭单个分开的经济是和消灭家庭分不开的。

（在圣桑乔那里常见的一个说法是：每个人通过国家才完全成其

为人，这实质上等于说，资产者只是资产者这个类的一个标本；这种说法的前提是：资产者这个**阶级**在构成该阶级的个人尚未存在之前就已经存在了。）

在中世纪，每一城市中的市民为了自卫都不得不联合起来反对农村贵族；商业的扩大和交通道路的开辟，使一些城市了解到有另一些捍卫同样利益、反对同样敌人的城市。从各个城市的许多地域性市民团体中，开始非常缓慢地产生出市民**阶级**。各个市民的生活条件，由于同现存关系相对立并由于这些关系所决定的劳动方式，便成了对他们来说全都是共同的和不以每一个人为转移的条件。市民创造了这些条件，因为他们挣脱了封建的联系；同时他们又是由这些条件所创造的，因为他们是由自己同既存封建制度的对立所决定的。随着各城市间的联系的产生，这些共同的条件发展为阶级条件。同样的条件、同样的对立、同样的利益，一般说来，也应当在一切地方产生同样的风俗习惯。资产阶级本身开始逐渐地随同自己的生存条件一起发展起来，由于分工，它又重新分裂为各种不同的集团，最后，随着一切现有财产被变为工业资本或商业资本，它吞并了在它以前存在过的一切有财产的阶级（同时资产阶级把以前存在过的没有财产的阶级的大部分和原先有财产的阶级的一部分变为新的阶级——无产阶级）。单个人所以组成阶级只是因为他们必须为反对另一个阶级进行共同的斗争；此外，他们在竞争中又是相互敌对的。另一方面，阶级对各个人来说又是独立的，因此，这些人可以发现自己的生活条件是预先确定的：各个人的社会地位，从而他们个人的发展是由阶级决定的，他们隶属于阶级。这同单个人隶属于分工是同类的现象，这种现象只有通过消灭私有制和消灭劳动本身才能消除。至于个人隶属于阶级怎样同时发展为隶属于各种各样的观念，等等，我们已经不止一次地指出过了。

个人的这种发展是在历史地前后相继的等级和阶级的共同生存

条件下进行的，也是在由此而强加于他们的普遍观念中进行的，如果用**哲学的观点**来考察这种发展，当然就很容易产生这样的臆想：在这些个人中，**类**或**人**得到了发展，或者说这些个人发展了**人**；这种臆想，是对历史的莫大侮辱。这样一来，就可以把各种等级和阶级看做是普遍表达方式的一些类别，看做是**类**的一些亚种，看做是**人**的一些发展阶段。

个人隶属于一定阶级这一现象，在那个除了反对统治阶级以外不需要维护任何特殊的阶级利益的阶级形成之前，是不可能消灭的。

个人力量（关系）由于分工而转化为物的力量这一现象，不能靠人们从头脑里抛开关于这一现象的一般观念的办法来消灭，而只能靠个人重新驾驭这些物的力量，靠消灭分工的办法来消灭 。没有共同体，这是不可能实现的。只有在共同体中，个人才能获得全面发展其才能的手段，也就是说，只有在共同体中才可能有个人自由。在过去的种种冒充的共同体中，如在国家等等中，个人自由只是对那些在统治阶级范围内发展的个人来说是存在的，他们之所以有个人自由，只是因为他们是这一阶级的个人。从前各个人联合而成的虚假的共同体，总是相对于各个人而独立的；由于这种共同体是一个阶级反对另一个阶级的联合，因此对于被统治的阶级来说，它不仅是完全虚幻的共同体，而且是新的桎梏。在真正的共同体的条件下，各个人在自己的联合中并通过这种联合获得自己的自由。

各个人的出发点总是他们自己，不过当然是处于既有的历史条件和关系范围之内的自己，而不是意识形态家们所理解的“纯粹的”个人。然而在历史发展的进程中，而且正是由于在分工范围内社会关系的必然独立化，在每一个人的个人生活同他的屈从于某一劳动部门以及与之相关的各种条件的生活之间出现了差别。这不应当理解为，似乎像食利者和资本家等等已不再是有个性的个人了，而应当理解为，他们的个性是由非常明确的阶级关系决定和规定的，上述差别只是在他们与另一阶级的对立中才出现，而对他们本身来说，上述差别只是在他们破产之后才产生。在等级中（尤其是在部落中）这种现象还是隐蔽的，例如，贵族总是贵族，平民总是平民，不管他的其他关系如何；这是一种与他的个性不可分割的品质。有个性的个人与阶级的个人的差别，个人生活条件的偶然性，只是随着那本身是资产阶级产物的阶级的出现才出现。只有个人相互之间的竞争和斗争才产生和发展了这种偶然性本身。因此，各个人在资产阶级的统治下被设想得要比先前更自由些，因为他们的生活条件对他们来说是偶然的；事实上，他们当然更不自由，因为他们更加屈从于物的力量。等级的差别特别显著地表现在资产阶级与无产阶级的对立中。当市民等级、同业公会等等起来反对农村贵族的时候，他们的生存条件，即在他们割断了封建的联系以前就潜在地存在着的动产和手艺，表现为一种与封建土地所有制相对立的积极的东西，因此起先也具有一种特殊的封建形式。当然，逃亡农奴认为他们先前的农奴地位对他们的个性来说是某种偶然的东西。但是，在这方面，他们只是做了像每一个挣脱了枷锁的阶级所做的事，此外，他们不是作为一个阶级解放出来的，而是零零散散地解放出来的。其次，他们并没有越出等级制度的范围，而只是形成了一个新的等级，在新的处境中也还保存了他们过去的劳动方式，并且使这种劳动方式摆脱已经和他们所达到的发展阶段不相适应的桎梏，从而使它得到进一步的发展。

相反，对于无产者来说，他们自身的生活条件，即劳动，以及当代社会的全部生存条件都已变成一种偶然的东西，单个无产者是无法加以控制的，而且也没有任何**社会**组织能够使他们加以控制。单个无产者的个性和强加于他的生活条件即劳动之间的矛盾，对无产者本身是显而易见的，特别是因为他从早年起就成了牺牲品，因为他在本阶级的范围内没有机会获得使他转为另一个阶级的各种条件。

注意。不要忘记，单是维持农奴生存的必要性和大经济的不可能性（包括把小块土地分给农奴），很快就使农奴向封建主缴纳的贡赋降低到各种代役租和徭役地租的平均水平，这样就使农奴有可能积累一些动产，便于逃出自己领主的领地，并使他有希望上升为市民，同时还引起了农奴的分化。可见逃亡农奴已经是半市民了。由此也可以清楚地看到，掌握了某种手艺的农奴获得动产的可能性最大。

由此可见，逃亡农奴只是想自由地发展他们已有的生存条件并让它们发挥作用，因而归根结底只达到了自由劳动；而无产者，为了实现自己的个性，就应当消灭他们迄今面临的生存条件，消灭这个同时也是整个迄今为止的社会的生存条件，即消灭劳动。因此，他们也就同社会的各个人迄今借以表现为一个整体的那种形式即同国家处于直接的对立中，他们应当推翻国家，使自己的个性得以实现。

———

从上述一切可以看出，某一阶级的各个人所结成的、受他们的与另一阶级相对立的那种共同利益所制约的共同关系，总是这样一种共同体，这些个人只是作为一般化的个人隶属于这种共同体，只是由于他们还处在本阶级的生存条件下才隶属于这种共同体；他们不是作为个人而是作为阶级的成员处于这种共同关系中的。而在控制了自己的生存条件和社会全体成员的生存条件的革命无产者的共同体中，情况就完全不同了。在这个共同体中各个人都是作为个人参加的。它是各个人的这样一种联合（自然是以当时发达的生产力为前提的），这种联合把个人的自由发展和运动的条件置于他们的控制之下。而这些条件从前是受偶然性支配的，并且是作为某种独立的东西同单个人对立的。这正是由于他们作为个人是相互分离的，是由于分工使他们有了一种必然的联合，而这种联合又因为他们的相互分离而成了一种对他们来说是异己的联系。过去的联合决不像《社会契约论》中所描绘的那样是任意的，而只是关于这样一些条件的必然的联合（可以对照例如北美合众国和南美诸共和国形成的情况），在这些条件下，各个人有可能利用偶然性。这种在一定条件下不受阻碍地利用偶然性的权利，迄今一直称为个人自由。——这些生存条件当然只是各个时代的生产力和交往形式。

———

共产主义和所有过去的运动不同的地方在于：它推翻一切旧的生产关系和交往关系的基础，并且第一次自觉地把一切自发形成的前提看做是前人的创造，消除这些前提的自发性，使这些前提受联合起来的个人的支配。因此，建立共产主义实质上具有经济的性质，这就是为这种联合创造各种物质条件，把现存的条件变成联合的条件。共产主义所造成的存在状况，正是这样一种现实基础，它使一切不依赖于个人而存在的状况不可能发生，因为这种存在状况只不过是各个人之间迄今为止的交往的产物。这样，共产主义者实际上把迄今为止的生产和交往所产生的条件看做无机的条件。然而他们并不以为过去世世代代的意向和使命就是给他们提供资料，也不认为这些条件对于创造它们的个人来说是无机的。有个性的个人与偶然的个人之间的差别，不是概念上的差别，而是历史事实。在不同的时期，这种差别具有不同的含义，例如，等级在 18 世纪对于个人来说就是某种偶然的东西，家庭或多或少地也是如此。这种差别不是我们为每个时代划定的，而是每个时代本身在既存的各种不同的因素之间划定的，而且不是根据概念而是在物质生活冲突的影响下划定的。在后来时代（与在先前时代相反）被看做是偶然的东西，也就是在先前时代传给后来时代的各种因素中被看做是偶然的东西，是曾经与生产力发展的一定水平相适应的交往形式。生产力与交往形式的关系就是交往形式与个人的行动或活动的关系。（这种活动的基本形式当然是物质活动，一切其他的活动，如精神活动、政治活动、宗教活动等都取决于它。当然，物质生活的这样或那样的形式，每次都取决于已经发达的需求，而这些需求的产生，也像它们的满足一样，本身是一个历史过程，这种历史过程在羊或狗那里是没有的（这是施蒂纳顽固地提出来**反对**人的主要论据），尽管羊或狗的目前形象无疑是历史过程的产物——诚然，不以它们的意愿为转移。）个人相互交往的条件，在上述这种矛盾产生以前，是与他们的个性相适合的条件，对于他们来说不是什么外部的东西；在这些条件下，生存于一定关系中的一定的个人独力生产自己的物质生活以及与这种物质生活有关的东西，因而这些条件是个人的自主活动的条件，并且是由这种自主活动产生出来的 。这样，在矛盾产生以前，人们进行生产的一定条件是同他们的现实的局限状态，同他们的片面存在相适应的，这种存在的片面性只是在矛盾产生时才表现出来，因而只是对于后代才存在。这时人们才觉得这些条件是偶然的桎梏，并且把这种视上述条件为桎梏的意识也强加给先前的时代。

这些不同的条件，起初是自主活动的条件，后来却变成了自主活动的桎梏，这些条件在整个历史发展过程中构成各种交往形式的相互联系的序列，各种交往形式的联系就在于：已成为桎梏的旧交往形式被适应于比较发达的生产力，因而也适应于进步的个人自主活动方式的新交往形式所代替；新的交往形式又会成为桎梏，然后又为另一种交往形式所代替。由于这些条件在历史发展的每一阶段都是与同一时期的生产力的发展相适应的，所以它们的历史同时也是发展着的、由每一个新的一代承受下来的生产力的历史，从而也是个人本身力量发展的历史。

由于这种发展是自发地进行的，就是说它不是按照自由联合起来的个人制定的共同计划进行的，所以它是以各个不同的地域、部落、民族和劳动部门等等为出发点的，其中的每一个起初都与别的不发生联系而独立地发展，后来才逐渐与它们发生联系。其次，这种发展非常缓慢；各种不同的阶段和利益从来没有被完全克服，而只是屈从于获得胜利的利益，并在许多世纪中和后者一起延续下去。由此可见，甚至在一个民族内，各个人，即使撇开他们的财产关系不谈，都有各种完全不同的发展；较早时期的利益，在它固有的交往形式已经为属于较晚时期的利益的交往形式排挤之后，仍然在长时间内拥有一种相对于个人而独立的虚假共同体（国家、法）的传统权力，一种归根结底只有通过革命才能被打倒的权力。由此也就说明：为什么在某些可以进行更一般的概括的问题上，意识有时似乎可以超过同时代的经验关系，以致人们在以后某个时代的斗争中可以依靠先前时代理论家的威望。

相反，有些国家，例如北美的发展是在已经发达的历史时代起步的，在那里这种发展异常迅速。在这些国家中，除了移居到那里去的个人而外没有任何其他的自发形成的前提，而这些个人之所以移居那里，是因为他们的需要与老的国家的交往形式不相适应。可见，这些国家在开始发展的时候就拥有老的国家的最进步的个人，因而也就拥有与这些个人相适应的、在老的国家里还没有能够实行的最发达的交往形式。这符合于一切殖民地的情况，只要它们不仅仅是一些军用场所或交易场所。迦太基、希腊的殖民地以及 11 世纪和 12 世纪的冰岛可以作为例子。类似的关系在征服的情况下也可以看到，如果在另一块土地上发展起来的交往形式被现成地搬到被征服国家的话。这种交往形式在自己的祖国还受到以前时代遗留下来的利益和关系的牵累，而它在这些地方却能够而且应当充分地和不受阻碍地确立起来，尽管这是为了保证征服者拥有持久的政权

（英格兰和那不勒斯在被诺曼人征服之后，获得了最完善的封建组织形式）。

征服这一事实看起来好像是同整个这种历史观矛盾的。到目前为止，暴力、战争、掠夺、抢劫等等被看做是历史的动力。这里我们只能谈谈主要之点，因此，我们举一个最显著的例子：古老文明被蛮族破坏，以及与此相联系重新开始形成一种新的社会结构（罗马和蛮人，封建制度和高卢人，东罗马帝国和土耳其人）。对进行征服的蛮族来说，正如以上所指出的，战争本身还是一种通常的交往形式；在传统的、对该民族来说唯一可能的粗陋生产方式下，人口的增长越来越需要新的生产资料，因而这种交往形式越来越被加紧利用。相反，在意大利，由于地产日益集中（这不仅是由购买和负债引起的，而且还是由继承引起的，当时一些古老的氏族由于生活放荡和很少结婚而逐渐灭亡，他们的财产转入少数人手里），由于耕地变为牧场（这不仅是由通常的、至今仍然起作用的经济原因引起的，而且也是由掠夺来的和进贡的谷物的输入以及由此造成的意大利谷物没有买主的现象引起的），自由民几乎完全消失了，就是奴隶也在不断地死亡，而不得不经常代之以新的奴隶。奴隶制仍然是整个生产的基础。介于自由民与奴隶之间的平民，始终不过是流氓无产阶级。总之，罗马始终只不过是一个城市，它与各行省之间的联系几乎仅仅是政治上的联系，因而这种联系自然也就可能为政治事件所破坏。

有一种最普通的观点认为，迄今为止在历史上只有**占领**才具有决定意义。蛮人**占领了**罗马帝国，这种占领的事实通常被用来说明从古代世界向封建制度的过渡。但是在蛮人的占领下，一切都取决于被占领国家此时是否已经像现代国家那样发展了工业生产力，或

者被占领国家的生产力主要是否只是以它的联合和共同体为基础。其次，占领是受占领的对象所制约的。如果占领者不依从被占领国家的生产条件和交往条件，就完全无法占领银行家的体现于证券中的财产。对于每个现代工业国家的全部工业资本来说，情况也是这样。最后，无论在什么地方，占领都是很快就会结束的，已经不再有东西可供占领时，必须开始进行生产。从这种很快出现的生产的必要性中可以得出如下结论：定居下来的征服者所采纳的共同体形式，应当适应于他们面临的生产力发展水平，如果起初情况不是这样，那么共同体形式就应当按照生产力来改变。这也就说明了民族大迁徙后的时期到处可见的一件事实，即奴隶成了主人，征服者很快就接受了被征服民族的语言、教育和风俗。

封建制度决不是现成地从德国搬去的。它起源于征服者在进行征服时军队的战时组织，而且这种组织只是在征服之后，由于在被征服国家内遇到的生产力的影响才发展为真正的封建制度的。这种形式到底在多大程度上受生产力的制约，这从企图仿效古罗马来建立其他形式的失败尝试（查理大帝，等等）中已经得到证明。

待续。——

在大工业和竞争中，各个人的一切生存条件、一切制约性、一切片面性都融合为两种最简单的形式——私有制和劳动。货币使任何交往形式和交往本身成为对个人来说是偶然的东西。因此，货币就是产生下述现象的根源：迄今为止的一切交往都只是在一定条件下个人的交往，而不是作为个人的个人的交往。这些条件可以归结为两点：积累起来的劳动，或者说私有制，以及现实的劳动。如果二者缺一，交往就会停止。现代的经济学家如西斯蒙第、舍尔比利埃等人自己就把个人的联合同资本的联合对立起来。但是，另一方面，个人本身完全屈从于分工，因此他们完全被置于相互依赖的关

系之中。私有制，就它在劳动的范围内同劳动相对立来说，是从积累的必然性中发展起来的。起初它大部分仍旧保存着共同体的形式，但是在以后的发展中越来越接近私有制的现代形式。分工从最初起就包含着劳动**条件**——劳动工具和材料——的分配，也包含着积累起来的资本在各个所有者之间的劈分，从而也包含着资本和劳动之间的分裂以及所有制本身的各种不同的形式。分工越发达，积累越增加，这种分裂也就发展得越尖锐。劳动本身只能在这种分裂的前提下存在。

———

（各个民族的个人——德国人和美国人——的自身能力，已经通过种族杂交而产生的能力，——因此德国人是白痴式的；在法、英等国是异族人移居于已经发达的土地上，在美国是异族人移居于一块全新的土地上，而在德国，土著居民安居不动。）

———

因此，这里显露出两个事实。第一，生产力表现为一种完全不依赖于各个人并与他们分离的东西，表现为与各个人同时存在的特殊世界，其原因是，各个人——他们的力量就是生产力——是分散的和彼此对立的，而另一方面，这些力量只有在这些个人的交往和相互联系中才是真正的力量。因此，一方面是生产力的总和，生产力好像具有一种物的形式，并且对个人本身来说它们已经不再是个人的力量，而是私有制的力量，因此，生产力只有在个人是私有者的情况下才是个人的力量。在以前任何一个时期，生产力都没有采取过这种对于**作为**个人的个人的交往无关紧要的形式，因为他们的交往本身还是受限制的。另一方面是同这些生产力相对立的大多数个人，这些生产力是和他们分离的，因此这些个人丧失了一切现实的生活内容，成了抽象的个人，然而正因为这样，他们才有可能**作为个人**彼此发生联系。

他们同生产力并同他们自身的存在还保持着的唯一联系，即劳动，在他们那里已经失去了任何自主活动的假象，而且只能用摧残生命的方式来维持他们的生命。而在以前各个时期，自主活动和物质生活的生产是分开的，这是因为它们是由不同的人承担的，同时，物质生活的生产由于各个人本身的局限性还被认为是自主活动的从属形式，而现在它们竟互相分离到这般地步，以致物质生活一般都表现为目的，而这种物质生活的生产即劳动（劳动现在是自主活动的唯一可能的形式，然而正如我们看到的，也是自主活动的否定形式）则表现为手段。

这样一来，现在情况就变成了这样：各个人必须占有现有的生产力总和，这不仅是为了实现他们的自主活动，而且从根本上说也是为了保证自己的生存。这种占有首先受所要占有的对象的制约，即受发展成为一定总和并且只有在普遍交往的范围里才存在的生产力的制约。因此，仅仅由于这一点，占有就必须带有同生产力和交往相适应的普遍性质。对这些力量的占有本身不外是同物质生产工具相适应的个人才能的发挥。仅仅因为这个缘故，对生产工具一定总和的占有，也就是个人本身的才能的一定总和的发挥。其次，这种占有受进行占有的个人的制约。只有完全失去了整个自主活动的现代无产者，才能够实现自己的充分的、不再受限制的自主活动，这种自主活动就是对生产力总和的占有以及由此而来的才能总和的发挥。过去的一切革命的占有都是有限制的；各个人的自主活动受到有局限性的生产工具和有局限性的交往的束缚，他们所占有的是这种有局限性的生产工具，因此他们只是达到了新的局限性。他们的生产工具成了他们的财产，但是他们本身始终屈从于分工和自己的生产工具。在迄今为止的一切占有制下，许多个人始终屈从于某种唯一的生产工具；在无产者的占有制下，许多生产工具必定归属于每一个个人，而财产则归属于全体个人。现代的普遍交往，除了归属于全体个人，不可能归属于各个人。

其次，占有还受实现占有所必须采取的方式的制约。占有只有通过联合才能实现，由于无产阶级本身固有的本性，这种联合又只能是普遍性的，而且占有也只有通过革命才能得到实现，在革命中，一方面迄今为止的生产方式和交往方式的权力以及社会结构的权力被打倒，另一方面无产阶级的普遍性质以及无产阶级为实现这种占有所必需的能力得到发展，同时无产阶级将抛弃它迄今的社会地位遗留给它的一切东西。

只有在这个阶段上，自主活动才同物质生活一致起来，而这又是同各个人向完全的个人的发展以及一切自发性的消除相适应的。同样，劳动向自主活动的转化，同过去受制约的交往向个人本身的交往的转化，也是相互适应的。随着联合起来的个人对全部生产力的占有，私有制也就终结了。在迄今为止的历史上，一种特殊的条件总是表现为偶然的，而现在，各个人本身的独自活动，即每一个人本身特殊的个人职业，才是偶然的。

哲学家们在不再屈从于分工的个人身上看到了他们名之为“人”的那种理想，他们把我们所阐述的整个发展过程看做是“人”的发展过程，从而把“人”强加于迄今每一历史阶段中所存在的个人，并把“人”描述成历史的动力。这样，整个历史过程就被看成是“人”的自我异化过程，实质上这是因为，他们总是把后来阶段的一般化的个人强加于先前阶段的个人，并且把后来的意识强加于先前的个人。借助于这种从一开始就撇开现实条件的本末倒置的做法，他们就可以把整个历史变成意识的发展过程了。

———

市民社会包括各个人在生产力发展的一定阶段上的一切物质交往。它包括该阶段的整个商业生活和工业生活，因此它超出了国家和民族的范围，尽管另一方面它对外仍必须作为民族起作用，对内仍必须组成为国家。“市民社会”这一用语是在 18 世纪产生的，当时财产关系已经摆脱了古典古代的和中世纪的共同体。真正的市民社会只是随同资产阶级发展起来的；但是市民社会这一名称始终标志着直接从生产和交往中发展起来的社会组织，这种社会组织在一切时代都构成国家的基础以及任何其他的观念的上层建筑的基础。

国家和法同所有制的关系

所有制的最初形式，无论是在古典古代世界或中世纪，都是部落所有制，这种所有制在罗马人那里主要是由战争决定的，而在日耳曼人那里则是由畜牧业决定的。在古典古代民族中，一个城市里聚居着几个部落，因此部落所有制就具有国家所有制的形式，而个人的权利则局限于简单的占有，但是这种占有也和一般部落所有制一样，仅仅涉及地产。无论在古代或现代民族中，真正的私有制只是随着动产的出现才开始的。——（奴隶制和共同体）（古罗马公民的合法的所有权 [dominium ex jure Quiritum]）。在起源于中世纪的民族那里，部落所有制经过了几个不同的阶段——封建地产，同业公会的动产，工场手工业资本——才发展为由大工业和普遍竞争所引起的现代资本，即变为抛弃了共同体的一切外观并消除了国家对所有制发展的任何影响的纯粹私有制。现代国家是与这种现代私有制相适应的。现代国家由于税收而逐渐被私有者所操纵，由于国债而完全归他们掌握；现代国家的存在既然受到交易所内国家证券行市涨落的调节，所以它完全依赖于私有者即资产者提供给它的商业信贷。因为资产阶级已经是一个**阶级**，不再是一个**等级**了，所以它必须在全国范围内而不再是在一个地域内组织起来，并且必须使自己通常的利益具有一种普遍的形式。由于私有制摆脱了共同体，国家获得了和市民社会并列并且在市民社会之外的独立存在；实际上国家不外是资产者为了在国内外相互保障各自的财产和利益所必然要采取的一种组织形式。目前国家的独立性只有在这样的国家里才存在：在那里，等级还没有完全发展成为阶级，在那里，比较先进的国家中已被消灭的等级还起着某种作用，并且那里存在某种混合体，因此在这样的国家里居民的任何一部分也不可能对居民的其他部分进行统治。德国的情况就正是这样。现代国家的最完善的例子就是北美。法国、英国和美国的一些近代著作家都一致认为，国家只是为了私有制才存在的，可见，这种思想也渗入日常的意识了。

因为国家是统治阶级的各个人借以实现其共同利益的形式，是该时代的整个市民社会获得集中表现的形式，所以可以得出结论：一切共同的规章都是以国家为中介的，都获得了政治形式。由此便产生了一种错觉，好像法律是以意志为基础的，而且是以脱离其现实基础的意志即**自由**意志为基础的。同样，法随后也被归结为法律。

私法是与私有制同时从自然形成的共同体的解体过程中发展起来的。在罗马人那里，私有制和私法的发展没有在工业和商业方面引起进一步的结果，因为他们的整个生产方式没有改变。在现代民族那里，工业和商业瓦解了封建的共同体，随着私有制和私法的产生，开始了一个能够进一步发展的新阶段。在中世纪进行了广泛的海上贸易的第一个城市阿马尔菲还制定了海商法。当工业和商业——起初在意大利，随后在其他国家——进一步发展了私有制的时候，详细拟定的罗马私法便又立即得到恢复并取得威信。后来，资产阶级力量壮大起来，君主们开始照顾它的利益，以便借助资产阶级来摧毁封建贵族，这时候法便在所有国家中——法国是在 16 世纪——开始真正地发展起来了，除了英国以外，这种发展在所有国家中都是以罗马法典为基础的。即使在英国，为了私法（特别是其中关于动产的那一部分）的进一步完善，也不得不参照罗马法的原则。（不应忘记，法也和宗教一样是没有自己的历史的。）

在私法中，现存的所有制关系是作为普遍意志的结果来表达的。仅仅使用和滥用的权利［jus utendi et abutendi］就一方面表明私有制已经完全不依赖于共同体，另一方面表明了一个错觉，仿佛私有制本身仅仅以个人意志即以对物的任意支配为基础。实际上，滥用［abuti］对于私有者具有极为明确的经济界限，如果他不希望他的财产从而他滥用的权利转入他人之手的话；因为仅仅从私有者的意志方面来考察的物，根本不是物；物只有在交往中并且不以权利为转移时，才成为物，即成为真正的财产（一种**关系**，哲学家们称之为观念）。这种把权利归结为纯粹意志的法律上的错觉，在所有制关系进一步发展的情况下，必然会造成这样的现象：某人在法律上可以对某物享有权利，但实际上并不拥有某物。例如，假定由于竞争，某一块土地不再提供地租，虽然这块土地的所有者在法律上享有权利，包括享有使用和滥用的权利。但是这种权利对他毫无用处，只要他还未占有足够的资本来经营自己的土地，他作为土地所有者就一无所有。法学家们的这种错觉说明：在法学家们以及任何法典看来，各个人相互之间的关系，例如缔结契约这类事情，一般都是偶然的；他们认为这些关系可以随意建立或不建立，它们的内容完全依据缔约双方的个人意愿。

每当工业和商业的发展创造出新的交往形式，例如保险公司等等，法便不得不承认它们都是获得财产的方式。

分工对科学的影响。

镇压在国家、法、道德等等中的作用。

资产者之所以必须在法律中使自己得到普遍表现，正因为他们是作为阶级进行统治的。

自然科学和历史。

没有政治史、法律史、科学史等等，艺术史、宗教史等等。

为什么意识形态家使一切本末倒置。

笃信宗教者、法学家、政治家。

法学家、政治家（一般的国务活动家）、伦理学家、笃信宗教者。

关于一个阶级内的这种意识形态划分：**职业由于分工而独立化**；每个人都认为他的手艺是真的。他们之所以必然产生关于自己的手艺和现实相联系的错觉，是手艺本身的性质所决定的。关系在法学、政治学中——在意识中——成为概念；因为他们没有超越这些关系，所以这些关系的概念在他们的头脑中也成为固定概念。例如，法官运用法典，因此法官认为，立法是真正的积极的推动者。尊重自己的商品，因为他们的职业是和公众打交道。

法的观念。国家的观念。在**通常的**意识中事情被本末倒置了。

宗教从一开始就是**超验性的意识**，这种意识是从**现实的**力量中产生的。

要更通俗地表达这一点。

法、宗教等领域中的传统。

各个人过去和现在始终是从自己出发的。他们的关系是他们的现实生活过程的关系。为什么会发生这样的情况：他们的关系会相对于他们而独立？他们自己生命的力量会成为压倒他们的力量？

总之：**分工**，分工的阶段依赖于当时生产力的发展水平。

土地所有制。公社所有制。封建的所有制。现代的所有制。

等级的所有制。手工工场所有制。工业资本。

第一章 《德意志意识形态》的写作背景、成书过程、书的结构

一 《德意志意识形态》的写作背景与成书过程

众所周知，马克思恩格斯进行哲学探索的最高价值诉求，就是实现人的自由全面发展。但是，围绕这一价值诉求马克思哲学的探索呈现出如下鲜明特点：在马克思恩格斯看来，自由的实现既不能像西方传统观念论哲学那样，或诉诸神的拯救，或诉诸个体理性的自觉乃至自我意识的革命，而是必须通过对历史规律的科学揭示，以先进的理论武装无产阶级，通过无产阶级的现实实践去改变不合理的生产关系，进而使社会推进到一个新的历史形态，只有这样才能达及自由的实现。因此，在马克思恩格斯这里，自由问题和历史问题始终是一而二，二而一的。换言之，自由的实现有赖于对人类历史规律的科学探讨，而对人类历史规律科学探讨的目的也正是为了真正实现人的自由。就此而言，我们看到，正是在马克思主义经典文献《德意志意识形态》中，马克思恩格斯实现了西方哲学史上的历史观革命，真正超越了西方传统观念论哲学思维范式，呈现出了把握世界和历史的全新视域，其思想结晶就是积淀形成的历史唯物主义方法智慧，它为寻找到实现自由的科学路径提供了重要的方法论基础。这就意味着，要了解历史唯物主义

《德意志意识形态》手稿的第一页：序言

这一新的历史哲学观并呈现其现实意义，就不能不从对《德意志意识形态》的了解和解读入手。

《德意志意识形态》是由马克思主义经典创始人马克思和恩格斯共同撰写的经典文献，也是他们继《神圣家族》之后共同撰写的第二部著作。1845年1月25日，在普鲁士政府的强烈要求下，马克思被巴黎当局内务大臣基佐下令驱逐出境，遂于1845年2月初移居比利时首都布鲁塞尔，同年4月，马克思的战友恩格斯也迁居到这里，两人正式开始并肩战斗，他们所做的第一项工作，就是对《神圣家族》中所初步阐述的唯物史观进行进一步深入的研究，这一研究成果就是两人合著的《德意志意识形态》。虽然在1845年春天两人就已经决定共同撰写这部著作，但该著作的真正写作时间为1845年秋季至1846年夏季。

（一）《德意志意识形态》的写作目的和主题

要全面了解《德意志意识形态》这部经典著作，进而把握马克思主义哲学的基本精神，就需要首先了解马克思和恩格斯写作这部著作的主要目的以及这部著作的写作主题。

马克思在为他于1858年11月至1859年1月写成的《政治经济学批判》第1分册所写的序言中，在对历史唯物主义的实质作了精辟说明的同时，还对自己的理论探索过程作了一个简要的梳理，特别是在谈到《德意志意识形态》的写作主题、思想背景和成书过程时，他曾这样写道：

“自从弗里德里希·恩格斯批判经济学范畴的天才大纲（在《德法年鉴》上）发表以后，我同他不断通信交换意见，他从另一条道路（参看他的《英国工人阶级状况》）得出同我一样的结果。当1845年春他也住在布鲁塞尔时，我们决定共同阐明我们的见解与德国哲学的意识形态的见解的对立，实际上是把我们从前的哲学信仰清算一下。这个心愿是以批判黑格尔以后的哲学的形式来实现的。两厚册八开本的原稿早已送到威斯特伐利亚的出版所，后来我们才接到通知说，由于情况改变，不能付印。既然我们已经达到了我们的主要目的——自己弄清问题，我们就情愿让原稿留给老鼠的牙齿去批判了。”[1]

基于马克思的上述回顾可以看出，他们撰写《德意志意识形态》的主要目的是要阐明他们的见解与德国哲学的意识形态的见解的对立，实际上是要彻底清算他们从前的哲学信仰。正是基于这样的目的，我们可以看到，作为马克思主义哲学形成和发展过程中的重要文本，《德意志意识形态》的写作主题主要表现在：通过批判地分析费尔巴哈、布鲁诺·鲍威尔和麦克斯·施蒂纳的唯心主义历史观，首次系统地阐述历史唯物主义的基本原理，并根据自己新的历史观对共产主义和无产阶级革命的理论进行科学的论证；通过对当时流行于德国的所谓“真正的”社会主义或“德国社会主义”的批判分析，揭示这种假社会主义的哲学基础、社会根源和阶级本质，表达他们对科学社会主义的认识。[2]

特别是，在该著作中马克思和恩格斯通过对青年黑格尔派意识哲学的批判，彰显了社会实践在人类历史发展过程中的基础意义，进而明确指出必须从现实的历史发展过程中去探讨人类社会的发展规律，而不是像青年黑格尔派那样在宗教史或精神史中去探讨人类社会的发展规律；通过对费尔巴哈人本主义哲学的批判，指出对人类社会发展规律的探讨不能仅仅停留在经验现象层面，而须以历史生成的分析方法进而在本质层面来加以探讨，从而为此后他们深刻揭示资本主义社会的内在矛盾及其根源，进而找到人的自由与解放的科学路径奠定了重要的方法论基础，因而该著作在马克思主义哲学史上有着极其重要的地位和意义，始终被誉为“历史唯物主义的奠基之作”。

既然马克思和恩格斯撰写《德意志意识形态》的主要目的，是要阐明他们的见解与德国哲学的意识形态的见解的对立，并清算他们从前的哲学信仰，那么这就意味着要真正把握《德意志意识形态》的写作背景、成书过程及其理论贡献，就非常有必要首先了解马克思和恩格斯所面对的西方文化传统特别是德国古典哲学的基本观点，以及在撰写《德意志意识形态》之前，他们已经经历了一个怎样的哲学探索历程。

（二）马克思和恩格斯所面对的西方思想文化背景

我们知道，致力于人的自由、解放和全面发展，这始终是马克思主义哲学的理论和实践主题。但是，我们必须要了解到，由于马克思和恩格斯出生于19世纪20年代的德国，就当时德国的思想文化背景而言，突出表现在宗教氛围浓郁且西方思想文化传统占据着统治地位。换言之，马克思和恩格斯生来就直接面对并对自身产生重大影响的强大的思想文化背景，恰恰是绵延两千余年并不断得以强化的西方希腊—基督教哲学传统。众所周知，传统西方哲学诸流派共同的思维范式和核心特点，就表现在它们把上帝、世界和灵魂作为自身的研究主题，把对世界确定性的把握作为其一以贯之的哲学主旨，在不同时期其论证过程虽然有别，其具体论题也几经变迁，但断言理念、观念、概念、理性、思想以及普遍的东西统治着现实世界，而真理能为主体经过理性的内在之光而知晓，因而将逻各斯（the logos，理性）当作探讨世界规律，追求终极实在、永恒原则和绝对真理的中心，认为通过逻辑、概念和范畴的演绎，诉诸理性和逻辑的自我运演和自我完善，以此实现人的启蒙以及精神的升华，当然就可以寻求到灵魂拯救和人类解放的途径，这一传统往往把上帝作为其哲学思想有效稳定性的最后依托[3]，可以说，这种逻各斯中心主义思维范式构成了西方希腊—基督教哲学传统的主导旋律和基本特征，也成为了马克思哲学得以孕育并破茧而出的天然思想“母体”。

特别是，在西方哲学两千五百多年的发展历程中，与马克思和恩格斯一样，把人的自由、解放和全面发展也作为自身主题的哲学流派也俯拾即是，比如像基督教及其哲学、康德哲学、黑格尔精神哲学等等，就非常具有代表性。但众所周知，基督教及其哲学建立在对尘世生活与未来生活、人间世界与天国世界这两重世界的划分基础之上，进而把人的自由与幸福推向了彼岸世界，认为通过复活与审判、悔改与救赎的途径，靠对全知、全能、全善的上帝意志的坚定信仰才能实现人的自由。进而言之，基督教及其哲学通过宗教教义及其哲学论证，试图启示人们以全知、全善、全能的绝对者——上帝为中介，首先通过人与上帝的契约关系来获得自身的自由意志、权能和智慧，然后使尘世生活之中的人们进行相互之间的交往，以此来保证现实社会的和谐与人的真正自由，但它却把人的自由的最终实现寄托于未来世界的上帝救赎，认为要从罪恶世界解脱出来，其“条件不靠外在和偶然的善，而靠思想变化、忏悔、爱上帝和人”[4]。而以认识论为研究重心的近代哲学告别了神学对人的统治，恢复了理性、自由和独立思考精神，增强了人类对自然、社会、制度以及宗教等问题的认识，但也固化了主体——客体这一典型的二元思维范式，形成了哲学思考上的形而上学性和机械性。

德国古典哲学自觉融汇了古希腊哲学和基督教哲学传统，开启了“理性为自然立法”的哥白尼革命，以体系化的理性建构来探讨认识问题、自由问题以及历史规律问题，康德把知识的可靠性、伦理道德的依据、社会政治制度的合理性以及宗教等问题纳入到一个体系中来讨论，为此他首先寻找知识的可靠基础，确立论证的逻辑支点，形成严密的概念体系，然后过渡到行动领域，把对知识可靠性问题、道德的基础问题、人的自由问题、历史发展问题以及人的未来问题变成理性本身的反思活动。特别是，康德只从理性出发，撇开了宗教教义和神学的解释，不从宗教教义中寻找任何根据，而把上帝是否存有、灵魂是否不朽、有无来生等基督教哲学中的问题也纳入到理性思考的领域，使理性真正实现了独立，这无疑是康德先验批判哲学的进步之处。康德对人的自由问题的论述，集中体现在其道德哲学中，他认为在道德实践领域也要求具有普遍的客观有效性，但“在实践领域中客观性也只有通过主体本身才会成为可能；道德的起源在自律中即在意志的自我立法中”[5]。他明确指出“意志自律是一切道德律和与之相符合的义务的惟一原则：反之，任意的一切他律不仅根本不建立任何责任，而且反倒与责任的原则和意志的德性相对立。”[6] 他指出人们在道德领域可以无上帝，只以自由理性做基础，自身便可确立起道德法则，但却又认为上帝存有、灵魂不朽是人们维护道德生活世界的基础和条件，康德按照“自由——道德法则——至善——上帝、不朽”的逻辑演绎，指出“通过意志自由产生出至善，这是先天地（在道德上）必然的；所以至善的可能性的条件也必须仅仅建立在先天的知识根据之上”。[7] 那就意味着必须把灵魂不朽和上帝存有作为纯粹实践理性的两个悬设，以保证人类道德实践中的绝对公正，真正达到德性和幸福的一致。康德虽然认为实践理性优于理论理性，把感性、知性、理性限制在现象界，认为对上帝存有、意志自由以及灵魂不朽等问题的认识是在人的理性认识能力范围之外的，进而把意志自由、灵魂不朽、上帝存有等划归到实践理性范围并作为实践理性的假设，把意志自由这一绝对原则作为伦理道德的依据，但认为这最终须由上帝存有、灵魂不朽来做最后的保证。

作为西方理性主义形而上学的集大成者，黑格尔哲学在综合以往的哲学体系的基础上，以绝对精神为逻辑展开中心，“把绝对精神思想与历史性思想相结合”[8]，建构了庞大的客观唯心主义体系，他把活生生的现实的历史归结为高度思辨的逻辑，在他看来人类社会历史的实践也只不过是绝对精神自我认识的一个环节，现实实践也仅仅是精神主体的否定环节，认为“世界上过去发生的一切和现在还在发生的一切，就是他自己的思维中发生的一切”[9]。因而认为现实中发生的一切都是无足轻重的，人的自由的实现是绝对精神在自我展开过程之中的自然而然的事情。

马克思和恩格斯在探索人的自由与解放的科学路径的过程中，一方面受到上述思想文化传统的影响，另一方面也不断认识到这一传统在人的真正解放问题上所面临的尴尬与困惑，指出像基督教徒这样由于“只在对‘思想’、‘使命’、‘职责’、‘法律’、‘国家制度’等等的‘摆脱’中，才获得了他的独自性”[10]，因而基督教这种寄希望于在“摆脱”中实现自由的理论，也仅仅是停留在“只限于空洞的、实际上毫无实效的道德说教”[11]之上。马克思主义哲学认为，康德的理论是以现实的阶级利益为基础的法国自由主义在德国所采取的特有形式，他把理论的表达与其表达的利益割裂开来，把法国资产阶级意志的有物质动机的规定变为“自由意志”、自在和自为的意志，人类意志的纯粹自我规定，从而就把这种意志变成纯粹思想上的概念规定和道德假设[12]，他看不到资产阶级的理论思想是以物质利益和由物质生产关系所决定的意志为基础的，因而康德哲学在推进了某些问题解决的同时，实际上又陷入到了唯心主义和形而上学的泥淖之中。同时马克思主义哲学认为，虽然黑格尔的精神哲学达到了传统西方哲学思维的最高峰，但这是以理念、观念决定历史的思维范式来表现出来的，突出表现在黑格尔哲学体系认为“观念、思想、概念产生、规定和支配人们的现实生活、他们的物质世界、他们的现实关系”[13]。马克思主义哲学认为，德国古典哲学实际上仅仅停留在远离社会现实的“哲学批判”之中，它或许能锻炼人的思维能力，但对改变现实世界是不能发生任何实质性的影响的，因而为了真正探讨人的解放的科学路径，就必须对他们所面对的西方哲学传统进行内在的超越。

马克思主义哲学认为，人的解放不仅仅是一种价值诉求，也不仅仅是一种思想运动，它是一种历史性的现实社会运动，因而需要在科学分析社会内在矛盾特别是人类历史发展基本规律的基础上，依靠改变世界的现实力量来加以完成，换言之，只有在现实的世界中并使用现实的手段才能真正实现人的自由与解放。马克思和恩格斯对人的解放之路的探求成为科学的重要标志，也就是历史唯物主义真正奠基的重要标志，就在于马克思和恩格斯首先确立了哲学研究上的现实实践维度，以及在此基础之上的社会历史生成的分析范式，这种科学分析方法的系统表达，是他们在《德意志意识形态》中通过对历史唯心主义思维范式的超越来加以完成的。

追寻马克思主义哲学的形成和发展史，我们必须看到，马克思历史唯物主义的创立，实际上经历了一个相当复杂的哲学探索历程，因而把握马克思和恩格斯撰写《德意志意识形态》之前的哲学探索历程，便成为我们更好地理解《德意志意识形态》的写作背景及其理论贡献的重要环节。

（三）写作《德意志意识形态》之前马克思哲学的探索历程

马克思主义哲学的形成和发展史表明，马克思和恩格斯对人的解放和自由实现路径的科学探索，经过了一个复杂的自我发展和超越过程。

众所周知，马克思在 1843 年 10 月到达巴黎之前一直生活在德国，当时的德国仍处于封建专制统治之下，经济上极不发达且政治上四分五裂，社会发展水平比已经实行了资产阶级革命的法国、英国等先进资本主义国家晚了约整整一个世纪。但由于他童年和少年时代生活的家乡——莱茵省特里尔市，靠近已经发生了资产阶级革命因而政治上较为先进的法国，并且在拿破仑时期特里尔市连同莱茵河畔的其他地区都曾被划归法国，且在 18 世纪 90 年代按照法国大革命的基本原则，“法兰西的革命军队曾在莱茵地区剥夺了各邦王侯和教会的产业，废除了农奴制度，取消了一切封建捐税，并宣布在法律面前人人平等”[14]，因此与德国其他地方不同，这座城市在很长时期都“浸润在言论自由和立宪自由氛围中”[15]，自由主义思想的盛行使得莱茵省在政治思想上成为普鲁士最先进的一个省份。而马克思的父亲是一名在当地享有威望的律师，学识渊博，勤勉正直，深受 18 世纪法国关于政治、宗教、生活、艺术的自由思想的影响，崇尚启蒙精神与人本主义思想，马克思就是在这个充满市民阶级启蒙精神的家庭环境里，初步接触到了法国空想社会主义者圣西门的思想以及伏尔泰、莱辛等人的人本主义思想，特别是马克思中学就读的耶稣会学校也已经受到 18 世纪启蒙运动的自由主义精神的影响，学校主流思想试图从康德哲学的观点出发调和信仰与理性，马克思就是在这里受到了典型而纯粹的人道主义教育。[16] 而现实生活中很多特利尔人备受折磨的贫困状况给少年马克思留下了深刻印象。现实生活背景及教育环境，促使张扬个性、为人类利益而牺牲生命成为少年时期马克思的精神追求，这在马克思中学时期的两篇作文中得到了很好的体现。

带着为人类利益而牺牲生命的精神追求，马克思在波恩大学学习了一年之后于 1836 年 10 月来到柏林大学学习，此后一段时期是马克思思想发展历程中的一个重要阶段，在启蒙精神、理性主义和人道主义思想的影响下，马克思通过其博士论文的写作，诉诸自我意识自由表达了对自由个性和创造性的追求和向往，表达了其无神论观点和资产阶级民主主义观点。马克思的博士论文《德谟克利特的自然哲学和伊壁鸠鲁的自然哲学的差别》的写作，形成于黑格尔体系自身的分裂以及青年黑格尔运动的兴起时期，它直接受到了德国青年黑格尔运动的影响。我们知道，直到19世纪30年代，黑格尔哲学仍然是当时占德国统治地位的思想意识形态，而黑格尔哲学具有革命性和保守性的双重特点，其革命性表现在其辩证方法上，它认为整个自然的、历史的和精神的世界处在不断的运动、变化、转变和发展中，不存在任何最终的、绝对的东西，而这种运动和发展有一种内在的联系，思维的任务就是要透过一切迷乱现象探索这一过程的逐步发展的阶段，并且透过一切表面的偶然性揭示这一过程的内在规律性[17]；其保守性表现在黑格尔在他所建立的哲学体系中又不得不假定精神的发展有一个终极，也就是既强调永恒真理是逻辑的或历史的过程本身，但又不得不给这个过程一个终点来在某个地方结束他的体系，并借此为当时普鲁士国家的存在进行辩护，其结果正如恩格斯所言，这一体系的全部教条内容就被宣布为绝对真理，同他那消除一切教条东西的辩证方法产生了矛盾[18]，最终导致其整个思想体系的保守性。而在19世纪30年代，政治上处于四分五裂状态的德国，封建反动势力仍然处于统治地位，德国人民结束封建统治、获得自由呼吸的愿望十分强烈，这使得从封建主义的桎梏下解放出来成为当时德国的现实任务。

青年黑格尔派就是试图从黑格尔哲学中继承其辩证法这一革命性的积极因素，来反对当时的封建专制制度，特别是它的思想支柱——宗教，以此表明自身的资产阶级激进主义立场、捍卫信仰自由和新闻出版自由。而青年黑格尔派通过神学领域的争论来反对封建专制制度，也是因为在当时专制统治和严厉的书报检查制度下，政治领域的论争是极其危险的，在神学领域进行论争则安全得多，而通过宗教批判又可转变为世俗化的政治性反对运动。虽然青年黑格尔派感受到了落后的德国现实，以及德国封建专制制度的反动与腐朽，并以宗教领域的哲学探讨间接地对黑格尔哲学保守性和德国封建专制制度落后性展开了批判，但正如马克思所言，由于青年黑格尔派接受了黑格尔体系所一再坚持的观点，即“观念、思想、概念产生、规定和支配人们的现实生活、他们的物质世界、他们的现实关系”[19]，因而他们“没有一个想到要提出关于德国哲学和德国现实之间的联系问题，关于他们所作的批判和他们自身的物质环境之间的联系问题”[20]，这导致他们在哲学思考中，仍仅仅停留在纯粹的精神领域来解决现实问题、试图通过精神革命来改变现实世界，这实际上仍然没有超越传统西方哲学的思维范式。马克思在其博士论文《德谟克利特的自然哲学和伊壁鸠鲁的自然哲学的差别》中以两个古希腊哲学家的理论差别为选题，尤其通过对具有自由主义倾向的伊壁鸠鲁的自然哲学的肯定，表达了对个性自由的追求和向往，但此时的马克思仍深受青年黑格尔运动的影响，可以说仅仅是在“书斋”中研究现实问题，尚没有感受到资本主义世界的现实，更没有接触到无产阶级这一代表人类解放的主体力量，在人的自由实现问题的探讨上，其哲学思考仍通过对自我意识自由的推崇，而停留在现实向“应然”层面的回归这一分析思路之上，导致他对现实的剖析更多地停留在价值预设的层面。

1841 年马克思博士毕业之后不久，就积极投入到日益壮大的反封建运动即同反动的普鲁士国家之间的斗争之中，他逐渐认识到用哲学领域内的批判以及单纯写一些批判宗教的作品来反对普鲁士国家是远远不够的，哲学家的职责就是直接参加政治斗争。[21] 特别是在《莱茵报》工作期间的经历使他认识到：其一，物质利益在人类社会中起着相当巨大的作用；其二，在为无产者群众的利益而进行的斗争中，以唯心主义和资产阶级民主主义作为哲学上和政治上的武器是完全不够的。[22] 而马克思在《莱茵报》工作期间对各种社会问题和经济问题的亲身接触，以及在政治斗争过程中积累的政治经验，使他逐渐认识到要更多地联系着对政治状况的批判来批判宗教，这样才能更加切实地讨论共产主义和社会主义的原理，他特别指出：“宗教本身是没有内容的，它的根源不是在天上，而是在人间，随着以宗教为理论的被歪曲了的现实的消灭，宗教也将自行消失。”[23] 青年马克思从宗教批判开始，转变为世俗化的政治性反对运动，从而逐渐从纯理论领域转向直接的实际的政治领域，从精神解放转到人的现实解放，为他向唯物主义和共产主义立场的彻底转变打通了通道，这种转变集中体现在《黑格尔法哲学批判》、《论犹太人问题》以及《〈黑格尔法哲学批判〉导言》等三部著作中。

自黑格尔的《法哲学原理》于 1820 年问世以来，人们就对他的国家观给予了不同的诠释且争议很大。对马克思来说，如何对待黑格尔的国家观也始终是一个重要的问题。黑格尔政治哲学认为国家决定市民社会，它并没有剥夺属于人的本性的自由，它努力调和哲学与现实之间的矛盾，他认为：“人的自我意识在法律、道德、社会和政治制度中客观地展现自身。这些制度使精神获得完全自由，表现在家庭、市民社会和国家的系列组织中的社会道德使得这种自由的获得成为可能。家庭教育教人以道德自律，而市民社会则组织经济、职业和文化生活。只有社会组织的最高层——国家（黑格尔称之为‘具体自由的实现’），才能够把特定权利和普遍理性结合成为客观精神发展的最后发展阶段。”[24] 在《莱茵报》工作期间，马克思首次遇到要对所谓物质利益发表意见的难事，这促使他思考各种社会问题特别是经济问题，并探讨物质利益同国家和法的关系，为批判黑格尔的法学观点做了准备。经过《莱茵报》时期初步的社会实践，马克思认识到，“黑格尔从绝对观念出发，神秘地推导出各种国家要素，思辨地阐述国家同市民社会的分离，颠倒了市民社会同国家的关系”[25]。在指出黑格尔政治观上唯心主义实质的同时，马克思还把批判黑格尔的政治观同批判思辨唯心主义联系起来，对黑格尔的辩证法进行了分析批判，指出：“法的关系正像国家的形式一样，既不能从它们本身来理解，也不能从所谓人类精神的一般发展来理解，相反，它们根源于物质的生活关系，这种物质的生活关系的总和，黑格尔按照18世纪的英国人和法国人的先例，概括为‘市民社会’，而对市民社会的解剖应该到政治经济学中去寻找。”[26]可以说，正是马克思经历了实际斗争过程，并通过对黑格尔政治观以及黑格尔思辨唯心主义的批判分析，才获得了这一重要的认识，为此后马克思哲学深入到具体的现实社会生产领域来探求人的解放路径铺平了道路。

1843年10月底，因与卢格一起筹办中的《德法年鉴》决定在巴黎出版，马克思一家来到了巴黎，他打算利用这个杂志把德国和法国学术界最进步的力量联合起来，继续进行反对德国反动封建势力的斗争。与在德国不同，巴黎是一个资本主义占统治地位的世界，马克思在这里认真研究了政治经济学和法国历史，广泛接触了工人运动，进一步考察了资本主义社会的矛盾，其政治思想和世界观有了较大的变化。马克思在为《德法年鉴》所写的《论犹太人问题》和《〈黑格尔法哲学批判〉导言》这两部著作中，论述了人的政治解放和人的解放的关系问题，特别是人的解放的前提和动力问题，马克思这一时期的哲学探索标志着马克思逐步从唯心主义向唯物主义、从革命民主主义向共产主义的重要转变。[27]

作为马克思早期哲学思考的一篇重要著作，《论犹太人问题》是直接针对布鲁诺·鲍威尔的《犹太人问题》及《现代犹太人和基督徒获得自由的能力》而展开的论战性著作，这部著作导致了马克思后来对青年黑格尔派的原则性批判。19世纪40年代初，“德国的犹太人首先碰到的问题是没有得到政治解放和国家具有鲜明的基督教性质”[28]，而“给犹太人以政治平等权利的要求已构成资产阶级反对派反对德国半封建政治状况的斗争的组成部分”[29]。1842年由于普鲁士政府颁布了关于犹太人的新法令，德国新闻界遂对犹太人问题展开了激烈的争论，马克思也积极参与到这一辩论之中，并作出了有价值的理论思考。首先，马克思认为布鲁诺·鲍威尔把犹太人的解放路径停留在彻底消灭所有宗教上，让犹太人从自己的宗教中解放出来，这种认识是错误的。马克思指出，不能把世俗问题化为神学问题，而应把神学问题化为世俗问题，不能用迷信说明历史，而应用历史说明迷信，应寻找宗教产生的世俗基础，指出："如果有一种社会组织消除了做生意的前提，从而消除做生意的可能性，那么这种社会组织也就会使犹太人不可能存在。他的宗教意识就会像淡淡的烟雾一样，在社会这一现实的、生命所需的空气中自行消失。"[30]进而他指出必须首先消灭政治压迫，才能克服宗教狭隘性；其次，应实现从政治解放到人的解放。政治革命的历史进步意义就表现在它实现了政治解放，把市民社会从封建主义下解放了出来，摧毁了一切等级、同业公会、行帮和特权等这些旧的市民社会直接具有的政治性质。但马克思认为，政治解放虽然在迄今为止的世界制度内是人的解放的最后形式，但它实现的是资产阶级的民主自由，它还不是人的现实的、实际的解放，而仅仅是为人的解放创造了前提，此时仍然存在异化现象。马克思指出要实现人的现实的、实际的解放，就必须突破政治解放的历史局限性，对社会进行改造，通过消灭私有制来消灭人的生活本身的异化，马克思在这里实际上意识到并初步阐明了资产阶级革命和共产主义革命的区别，已经看到了社会力量的重要性，为他此后对无产阶级解放的途径和力量的分析提供了有价值的思路。但此时马克思尚未能明确指出推翻现代资本主义社会的力量和途径。此时马克思的理论局限在于，他是建立在犹太教的世俗基础是实际需要和自私自利，犹太人的世俗礼拜是做生意，他们的世俗的神是金钱这一基础之上的，并由此得出结论说"**犹太人的解放**，就其终极意义来说，就是人类从**犹太精神**中得到解放"[31]。显然此时马克思仍然没有提出实现犹太人的社会解放的科学路径，而是仅仅指出社会从犹太精神即做生意、从金钱势力下获得解放，但社会能否以及如何从犹太精神中得到解放，马克思则没有进一步展开论述。特别是，此时马克思理解的社会力量仅仅是类存在物，还没有达到人的本质是社会关系这一认识高度，因此对人的本质的理解上，他仍然停留在经验层面的“类”的层次。可见，虽然此时马克思把自己的批判阐发为对资产阶级革命的剖析，把犹太人问题纳入反对德国半封建状况的斗争，即纳入反对资本主义社会的斗争，进而把犹太人的解放问题提到了对整个社会进行彻底改造的高度[32]，但由于马克思此时尚没有参与蓬勃发展的无产阶级运动，也不具备剖析现代资本主义社会的经济学知识，因而此时他仍未能找到人的解放的科学途径和现实力量，仍然没有摆脱人的解放之路上的抽象思维范式。

在《〈黑格尔法哲学批判〉导言》中，马克思首次论述了无产阶级的历史地位，特别是论述了人的解放的历史必然性以及实现人的解放的前提和动力问题，指出了无产阶级要完成自己的历史使命，必须掌握革命理论同革命实践相统一的原理，进而在此基础上推翻资本主义社会及其经济基础——私有制。由于他看到了无产阶级在人类解放问题上的力量和前景，才使此后马克思哲学对人的解放路径的探求不断取得重大推进。

马克思从 1843 年 10 月下旬离开德国到 1845 年 2 月 3 日移居布鲁塞尔，期间一直住在巴黎近郊，这一时期被称作“巴黎时期”，巴黎时期在马克思哲学思想形成过程中占有重要的地位，正如马克思本人在《〈政治经济学批判〉序言》中所言，在这一时期他特别认识到了“对市民社会的解剖应该到政治经济学中去寻求”[33]，进而开始了国民经济学研究，为此后马克思哲学最终完成对资本主义社会内在矛盾，以及人的解放路径的科学探索奠定了初步且富有成效的理论基础。

如前所述，青年黑格尔派只是把黑格尔的辩证法用于精神—思辨的领域，而马克思在《莱茵报》工作期间参加直接政治斗争的经验，以及在克罗茨纳赫时期的研究，已使他认识到“历史不是由观念，不是由黑格尔的‘世界精神’预先规定的，倒是经济关系和社会关系在社会生活中起着决定性的作用”[34]。马克思通过对具体的物质利益的关注使自己认识到哲学研究应联系现实实际，他系统研究政治经济学，进而在经济学领域解剖资本主义社会的内在矛盾，这是从他 1843 年年底到巴黎后写作《巴黎手稿》时开始的。

在《巴黎手稿》中，马克思对异化了的资本主义社会制度及其现实进行了无情的批判，特别是在异化劳动理论部分，他对工资、工人转化为商品、工人阶级贫困化，资本、资本的利润、资本家的竞争和资本在少数人手中的集中、资本对工人的统治，地租以及土地所有者和租地农场主的作用等问题进行了认真考察，把雇佣劳动、资本和地租理解为决定资本主义社会阶级结构的范畴，通过对工资、资本的利润和地租的分析，揭示了工人与资本家、土地所有者之间对立的经济根源[35]，马克思通过对资本主义生产本身的分析认为，正是由于资本和雇佣劳动的关系导致的异化劳动，使工人的主体性被严重遮蔽，他把私有财产作为社会经济关系来分析，并开始把资产阶级和无产阶级的矛盾作为资本和劳动的对立来研究，进而探索导致扬弃私有财产、导致这种社会经济关系解体的客观原因。与国民经济学不去考察工人同生产的直接关系不同，马克思此时从劳动开始对私有财产进行分析，把劳动称为私有财产的主体本质，肯定劳动的本质方面是工人同生产的直接关系。[36] 从这种关系出发，马克思提出了异化劳动理论，详细阐述了异化劳动的四个层面：第一，工人同自己的劳动产品相异化。指出劳动所生产的对象，即劳动的产品，作为一种**异己的**存在物，作为不依赖于生产者的力量，同劳动相对立，“工人对**自己的劳动产品的**关系就是对一个异己的对象的关系”[37]。第二，工人同自己的生产活动相异化。不仅工人同他的劳动产品的关系存在异化，而且在生产行为即生产活动本身也存在异化。“这种劳动不是满足一种需要，而只是满足劳动以外的那些需要的一种**手段**。”[38]第三，人同人的类本质相异化。马克思指出异化劳动使自然界（人的无机的身体）和人本身（人的生命活动）同人相异化，也就是使类同人相异化，人的类本质变成对人来说是异己的本质，变成维持他的个人生存的手段。第四，人同人相异化。马克思指出，由于人同自己的劳动产品、自己的生命活动和生产生活本身、自己的类本质相异化，这导致的直接结果就是人同人相异化，也就是说，当人同自身相对立的时候，他也必然同他人相对立。马克思还从交往异化的角度，从主体与主体之间的关系高度，进一步说明主体与主体之间的异化关系，指出通过货币这一中介，人异化为货币的属性而失掉了主体自己，信用业仍然没有改变经济异化的实质，进而指出人的社会关系异化为物的交换关系。

针对资本主义社会人的本质之异化状态，以及人类主体颠倒为物的现象，特别是异化的主体又正是资产阶级统治下的工人阶级，马克思通过分析指出，必须扬弃这一不合理的经济社会现象，进而回归人类主体的自由状态。马克思虽然指出了“作为人进行生产”是人的本质和社会本质的证实和实现，并指出了私有制条件下人的劳动的异化和自我的丧失，但马克思此时对社会的理解仅仅停留在消费、交换和需要等人与人之间的关系，从交换的角度界定劳动和人的本质，尚未能看到现实的社会关系线索。因而此时的马克思对资本主义社会的解剖以及人的解放路径的探索，还仅仅诉诸人本主义价值层面的哲学诉求，诉诸异化的扬弃以及人类主体从异化状态向自己本质的复归的逻辑应然层面，尚未分析出产生异化的根本原因及人的解放的科学途径，而这一目标的实现却是随着此后马克思经济学知识的不断丰富，以及对社会现实感知和剖析程度的加深来完成的。

由上可以看出，在马克思早期对人的自由与解放问题的思想探讨过程中，经历了主张从自我意识解放来追求人的个性和自由，到在批判黑格尔法哲学过程中得出了从政治经济学中分析市民社会的结论，指出应从政治解放推进到人的解放，并初步认识到了无产阶级这一现实解放力量，尤其是再到他对异化劳动进行了深入分析，对黑格尔的唯心辩证法进行了批判，指出了通过共产主义行动扬弃现实的私有财产的过程。但总体而言，马克思和恩格斯的早期哲学探索不同程度地受到费尔巴哈人本主义或黑格尔哲学的影响，这表现在对人的自由与解放问题的探求上，往往首先预设一种关于人的自由的理想状态，然后对现实中人的境遇进行伦理批判，进而诉诸"'是（现实）'向'应然（理想状态）'"回归这样一种哲学分析范式来实现人的解放。特别是马克思哲学虽然已经开始从经济学角度去分析劳动异化及其根源，但在《巴黎手稿》中还是停留在通过异化劳动及其扬弃的思路来达到人的自由与解放这一认识层面。

在《神圣家族》中，针对布鲁诺·鲍威尔把"自我意识"当作世界的本源和历史发展的动力，说什么只有"能批判地思维的个人"才拥有"全能"的自我意识，才是有理智的和值得崇拜的，而人民群众却"精神空虚"，是"历史发展的障碍"，马克思和恩格斯指出了这一典型的主观唯心主义所具有的局限性，明确指出得到历史承认的群众的利益决定了历史发展的性质，历史活动是群众的事业，并指出了生产方式在社会发展中的决定作用。特别是与《巴黎手稿》时侧重从否定方面（异化劳动）研究工人的劳动不同，此时马克思和恩格斯已经从生产实践方面来考察工人的劳动，指出了工人是创造一切的阶级，因而在唯物史观的形成过程中迈进了重要一步。但此时马克思和恩格斯仍然受到费尔巴哈人本主义的影响，未能把自己的唯物主义观点和费尔巴哈及以前经验唯物主义观点明确区别开来。

随着马克思和恩格斯对实践感知程度的不断加深，以及自身经济学知识的不断丰富，他们对自己之前的哲学信仰进行清算，进而走向唯物史观的新的征程，这是马克思哲学发展的逻辑必然。正是在《德意志意识形态》中，马克思和恩格斯批判了青年黑格尔派的意识哲学、费尔巴哈人本主义哲学，以及“真正的”社会主义或“德国社会主义”所包含的神秘主义和唯心主义，阐述了历史唯物主义的基本原理，论证了共产主义和无产阶级革命的理论，真正清算了自己以前的哲学信仰，为此后的政治经济学批判奠定了方法论基础。这也正是写作《德意志意识形态》的思想背景。

（四）《德意志意识形态》写作的直接动机

关于《德意志意识形态》写作的直接动机，日本学者广松涉进行了详细考证，他赞同俄罗斯学者巴加图利亚以及MEGA2版的编者的推断，认为接触《维干德季刊》第3号是马克思和恩格斯撰写《德意志意识形态》的直接契机。

广松涉认为，因为在1844年秋，麦克斯·施蒂纳所著《唯一者及其所有物》出版；1845年2月，马克思和恩格斯的合著《神圣家族》（即批判鲍威尔一派的著作）出版；同年5月，赫斯所著《最后的哲学家们》（即对鲍威尔、施蒂纳、费尔巴哈三人进行批判的小册子）出版；《维干德季刊》第2号刊登了费尔巴哈的论文《因〈唯一者及其所有物〉而论〈基督教的本质〉》（即对施蒂纳的反批判）。正是在这样激烈论争的状态下，《维干德季刊》第3号上同时刊登了鲍威尔和施蒂纳的论文。鲍威尔给费尔巴哈定性，对其“变种马克思、恩格斯”的《神圣家族》进行了反批判，对赫斯的《最后的哲学家们》也进行了反批判。施蒂纳也对刊登在前号上的费尔巴哈的论文以及赫斯的《最后的哲学家们》进行了反批判。在阅读了《维干德季刊》第3卷之后，当时已经成为亲密伙伴，在“流亡地”布鲁塞尔彼此住得很近的马克思、恩格斯、赫斯三人决定进行反批判。广松涉认为，现存《德意志意识形态》的手稿当中，被考证为最旧层的部分与对刊登在《维干德季刊》第3卷上的鲍威尔论文的反批判是密不可分的。这一事实问题对理解《德意志意识形态》的思想内容来说非常重要。[39]

可以说，正是在与青年黑格尔派的直接论战中，马克思和恩格斯阐述了自己与德意志意识形态哲学家们的区别，实现了对自己以前信仰的清算，这也因而成为写作《德意志意识形态》的直接动机。

（五）《德意志意识形态》的成书与出版

由于“严格的书报检查条例和出版激进著作会带来严重财政风险”[40]，特别是出版商对书中所批判的哲学流派及其代表人物寄予同情，马克思和恩格斯尽管直到1847年都在努力寻找出版商，但《德意志意识形态》在马克思和恩格斯生前仍然没有全文发表，只是在1847年《威斯特伐利亚汽船》杂志8月和9月号发表了该著的第二卷第四章。全书以手稿形式保存下来，没有总标题。《德意志意识形态。对费尔巴哈、布·鲍威尔和施蒂纳所代表的现代德国哲学以及各式各样先知所代表的德国社会主义的批判》这一标题源于马克思在1847年4月6日发表的声明《驳卡尔·格律恩》中对这部著作的称呼。[41]

“恩格斯逝世后，手稿落到德国社会民主党的领导者手中，长期被束之高阁。1924年经苏联梁赞诺夫整理，首次以俄文发表了第一章，编在《马克思恩格斯文库中》。”[42] 1932年，在苏共中央马克思列宁主义研究院主持下，《德意志意识形态》全书第一次以原文（德文）发表于《马克思恩格斯全集》1932年历史考证版第一部分第五卷，其中《费尔巴哈》这一章由编者重新编排，加了分节标题，删去手稿结尾部分关于社会意识形式等内容的几段札记。《马克思恩格斯全集》第 3 卷的俄文第二版（1955）、德文版（1958）以及中文一版（1960）第三卷均以这一版本为依据。[43]

另外还需要注意的是，《德意志意识形态》是一部未完成稿，马克思和恩格斯对其写作工作的确于 1846 年夏初就基本结束了，但这时，第一卷的大部分，即批判鲍威尔、施蒂纳的观点的各章（“莱比锡宗教会议”），以及第二卷的大部分都已脱稿，而第一卷的第一部分（对费尔巴哈观点的批判）的写作工作，在 1846 年下半年还在继续，而且也没有完成。[44] 在手稿中，这一章原来的标题是《一、费尔巴哈》。在手稿第一章的结尾处恩格斯写有：《一、费尔巴哈。唯物主义观点和唯心主义观点的对立》。显然，这是恩格斯在马克思逝世后整理马克思遗稿，重读《德意志意识形态》手稿时对原有标题所作的具体说明。[45]

由于该著作在马克思和恩格斯生前没有公开出版，特别是就《费尔巴哈》这一章而言，原稿既是未完成稿，且该章遗稿“不是一个连续不断的整体，而是由几个层面构成的，其中包含具有旧层稿和改订新稿、底稿和誊清稿这些有对应性的异稿”[46]。原稿虽然主要是以恩格斯的笔迹写作的，但经过马克思的删除、修正、增补并作了栏外笔记，该章各页的页码又经过了马克思、恩格斯以及伯恩施坦等人的不同标记，因而围绕该章各部分的编排问题始终在学界聚讼纷纭，由于它关涉到如何认识手稿的内在结构，特别是历史唯物主义在《德意志意识形态》中的成立过程等马克思主义哲学的基础问题，所以围绕《德意志意识形态》的文献学研究，以及由此引起的马克思和恩格斯在该章中

马克思恩格斯《德意志意识形态》手稿一页

的分担问题，进而马克思和恩格斯在历史唯物主义成立过程中的地位等问题，始终成为国际学界近些年来讨论的热点，比如至目前为止，围绕该章的编排就存在如下几个版本：梁赞诺夫版（1926 年）、阿多拉茨基版（1932 年）、巴加图利亚俄文新版（1965 年）、新德文版（1966 年）、MEGA2 版（1972 年）、广松版（1974 年）、涩谷版（1998 年）、小林补译文库版（2000 年）等，这也是我们在了解《德意志意识形态》一书的成书与出版方面必须加以注意的。

二 《德意志意识形态》的结构

《德意志意识形态》共由两卷组成，每一卷又各由三章组成。全书结构安排如下：

第一卷："对费尔巴哈、布·鲍威尔和施蒂纳所代表的现代德国哲学的批判"，该卷包括：

序言

第一章：费尔巴哈。唯物主义观点和唯心主义观点的对立。在该章中，马克思和恩格斯正面阐述了历史唯物主义基本原理，并根据自己新的世界观对共产主义作了科学的论证，因而就理论内容来说具有独立的价值。[47]

莱比锡宗教会议

第二章：圣布鲁诺

第三章：圣麦克斯

莱比锡宗教会议闭幕

第二卷："对各式各样先知所代表的德国社会主义的批判"。该卷包括：

"真正的社会主义"

第一章："莱茵年鉴"或"真正的社会主义"的哲学；

第四章：卡尔·格律恩。"法兰西和比利时的社会运动"（1845年达姆斯塔德版）或"真正的社会主义"的历史编纂学；

第五章："霍尔施坦的格奥尔格·库尔曼博士"或"真正的社会主义"的预言。该章原稿是以魏德迈的笔迹誊清的，在最后标有"莫·赫斯"的记号，大概这一章是赫斯起草的，魏德迈抄写的，马克思和恩格斯校订的。[48] 由于该著作没有公开出版，其中第二章、第三章缺损的可能性较大。

著作的最后还附有恩格斯的著作《真正的社会主义者》，它作为《德意志意识形态》第二卷的直接承续。恩格斯在该著作中主要批评了"真正的社会主义者"的如下三个支派：其一是威斯特伐利亚社会主义派，该派以海尔曼·克利盖、尤利乌斯·海尔米希、鲁道夫·雷姆佩尔、尤里乌斯·迈耶尔、约瑟夫·魏德迈、奥·吕宁等为代表；其二是萨克森派，该派以泽米希、阿尔弗勒德·迈斯纳、卡尔·穆尔、摩里茨·哈特曼等为代表；其三是柏林派，以恩斯特·德朗克、德里希·扎斯为代表。这部分内容是恩格斯对《德意志意识形态》第二卷的直接继续，特别是对其中《真正的社会主义》这一章的重新修改和增订，因为1847年初"真正的社会主义"在总流派范围内发展成了各种派别，根据形势的需要恩格斯才打算批判"真正的社会主义者"的各个派别，该部分约写于1847年1月至4月，从流传下来的该部分手稿来看，可以看到这部著作也属于未完成稿。[49]

另需说明的是，在《德意志意识形态》手稿中，并没有写明这部著作的标题和第一卷、第二卷的题目。它们是根据马克思的《驳卡尔·格律恩》这篇论文后来按上去的。《费尔巴哈》这一章中的标题和材料的安排，是根据马克思和恩格斯手稿边上的批注，按照本章内容本身安排的。《圣麦克斯》这一章分为两部分："1. 唯一者及其所有物”，“2. 辩护性的评注”。这是根据马克思和恩格斯在本章开始部分所写的指示、根据整章内容来安排的。[50]

【本章注释】

[1]《马克思恩格斯文集》第2卷，人民出版社2009年版，第593页。

[2]《马克思恩格斯文集》第1卷，人民出版社2009年版，注释，第806页。

[3] 李成旺：《马克思哲学革命的文本学解读》，中国社会科学出版社2011年版，第54页。

[4]［美］梯利：《西方哲学史》，葛力译，商务印书馆1995年版，第147页—第148页。

[5]［德］奥特弗里德·赫费：《康德：生平、著作与影响》，郑伊倩译，人民出版社2007年版，第154页。

[6]［德］康德：《实践理性批判》，邓晓芒译，人民出版社2003年版，第43页。

[7]［德］康德：《实践理性批判》，邓晓芒译，人民出版社2003年版，第155页。

[8]［德］奥特弗里德·赫费：《康德：生平、著作与影响》，郑伊倩译，人民出版社2007年版，第268页。

[9]《马克思恩格斯文集》第1卷，人民出版社2009年版，第602页。

[10]《马克思恩格斯全集》第3卷，人民出版社1960年版，第345页—第346页。

[11]《马克思恩格斯全集》第3卷，人民出版社1960年版，第285页。

[12]《马克思恩格斯全集》第3卷，人民出版社1960年版，第213页。

[13]《马克思恩格斯文集》第1卷，人民出版社2009年版，第511页。

[14]［德］海因里希·格姆科夫等著：《马克思传》，易廷镇、侯焕良译，人民出版社2000年版，第2页。

[15]［英］戴维·麦克莱伦：《卡尔·马克思传》（第3版），王珍译，中国人民大学出版社2005年版，第2页。

[16] [英] 戴维·麦克莱伦:《卡尔·马克思传》(第3版),王珍译,中国人民大学出版社2005年版,第5页—第7页。

[17]《马克思恩格斯文集》第9卷,人民出版社2009年版,第26页—第27页。

[18]《马克思恩格斯文集》第4卷,人民出版社2009年版,第271页。

[19]《马克思恩格斯文集》第1卷,人民出版社2009年版,第511页。

[20]《马克思恩格斯文集》第1卷,人民出版社2009年版,第516页。

[21] [德] 海因里希·格姆科夫等著:《马克思传》,易廷镇、侯焕良译,人民出版社2000年版,第27页。

[22] [德] 海因里希·格姆科夫等著:《马克思传》,易廷镇、侯焕良译,人民出版社2000年版,第41页。

[23]《马克思恩格斯全集》第27卷,人民出版社1972年版,第436页。

[24] [英] 戴维·麦克莱伦:《卡尔·马克思传》(第3版),王珍译,中国人民大学出版社2005年版,第65页。

[25]《马克思恩格斯全集》第3卷,人民出版社2002年版,注释,第649页。

[26]《马克思恩格斯文集》第2卷,人民出版社2009年版,第591页。

[27]《马克思恩格斯全集》第3卷,人民出版社2002年版,前言,第3页。

[28]《马克思恩格斯全集》第3卷,人民出版社2002年版,第165页。

[29]《马克思恩格斯全集》第3卷,人民出版社2002年版,注释,第655页。

[30]《马克思恩格斯全集》第3卷,人民出版社2002年版,第192页。

[31]《马克思恩格斯全集》第3卷,人民出版社2002年版,第192页。

[32]《马克思恩格斯全集》第3卷,人民出版社2002年版,注释,第656页。

[33]《马克思恩格斯文集》第2卷,人民出版社2009年版,第591页。

[34] [德] 海因里希·格姆科夫等著:《马克思传》,易廷镇、侯焕良译,人民出版社2000年版,第44页。

[35]《马克思恩格斯全集》第3卷,人民出版社2002年版,前言,第5页。

[36]《马克思恩格斯全集》第 3 卷，人民出版社 2002 年版，前言，第 5 页—第 6 页。

[37]《马克思恩格斯全集》第 3 卷，人民出版社 2002 年版，第 268 页。

[38]《马克思恩格斯全集》第 3 卷，人民出版社 2002 年版，第 270 页。

[39]［日］广松涉编注：《文献学语境中的〈德意志意识形态〉》，彭曦译，南京大学出版社 2005 年版，第 345 页。

[40]［英］戴维·麦克莱伦：《卡尔·马克思传》(第 3 版)，王珍译，中国人民大学出版社 2005 年版，第 142 页。

[41]《马克思恩格斯文集》第 1 卷，人民出版社 2009 年版，注释，第 807 页。

[42] 孙伯鍨：《探索者道路的探索》，南京大学出版社 2002 年版，第 243 页。

[43]《马克思恩格斯文集》第 1 卷，人民出版社 2009 年版，注释，第 807 页。

[44]《马克思恩格斯全集》第 3 卷，人民出版社 1960 年版，注释，第 695 页。

[45]《马克思恩格斯文集》第 1 卷，人民出版社 2009 年版，注释，第 807 页。

[46]［日］广松涉编注：《文献学语境中的〈德意志意识形态〉》，彭曦译，南京大学出版社 2005 年版，第 342 页。

[47]《马克思恩格斯选集》第 1 卷，人民出版社 1995 年版，注释，第 789 页。

[48]《马克思恩格斯全集》第 3 卷，人民出版社 1960 年版，注释，第 716 页。

[49]《马克思恩格斯全集》第 3 卷，人民出版社 1960 年版，注释，第 716 页。

[50]《马克思恩格斯全集》第 3 卷，人民出版社 1960 年版，注释，第 696 页。

第二章 《德意志意识形态》的主要内容和基本观点

我们知道,《德意志意识形态》的副标题为“对费尔巴哈、布·鲍威尔和施蒂纳所代表的现代德国哲学以及各式各样先知所代表的德国社会主义的批判”，仅从这一副标题，我们便可以了解到该著作的基本内容主要是，通过对费尔巴哈、布鲁诺·鲍威尔和麦克斯·施蒂纳所代表的“青年黑格尔派”的唯心史观的批判，以及对“真正的社会主义”所宣传的唯心主义和神秘主义的批判，进而系统地阐述历史唯物主义的基本原理，并论述共产主义和无产阶级革命的理论。

《德意志意识形态》分两卷来阐述自己的历史唯物主义观点，第一卷的标题为“对费尔巴哈、布·鲍威尔和施蒂纳所代表的现代德国哲学的批判”，在该卷中马克思和恩格斯主要批判了青年黑格尔派那种“观念、概念、自我意识决定世界”的意识哲学，以及费尔巴哈人本主义哲学由于不了解真正的实践活动且缺少“历史”的视野而导致的历史观上的唯心主义，特别是在该卷第一章“费尔巴哈”中，马克思和恩格斯全面阐述了历史唯物主义的基本原理。该著第二卷的标题为“对各式各样先知所代表的德国社会主义的批判”，在该卷中马克思和恩格斯批判了“真正的社会主义”由于把德意志意识形态与法国社会主义进行了嫁接，以对普遍的爱的宣扬取代了对工人阶级革命热情的宣扬，因而导致了唯心主义和神秘主义。马克思和恩格斯通过对“真正的社会主义”的批判，为正面宣扬科学社会主义理论，激发工人阶级的革命觉悟与革命热情起到了积极的作用。

在探讨历史科学的《德意志意识形态》这一经典著作中，马克思哲学认为，人的解放不仅仅是一种价值诉求，也不仅仅是一种思想运动，它是一种历史性的现实社会运动。一方面，人类社会发展的基础在于物质生产实践，对人类解放规律的探求必须把研究对象转向现实的历史发展进程，而不能像历史唯心主义那样停留在概念、范畴、自我意识以及绝对理念等等的逻辑运演过程之中；另一方面，分析人类社会发展的现实历史进程必须采取历史生成的视野，不能像费尔巴哈那样停留在感性直观的经验层面。马克思哲学特别强调，那种远离社会现实的“哲学批判”对改变世界是不能发生任何实质性影响的，而真正探求人的自由与解放问题，就需要在科学分析社会内在矛盾，特别是人类历史发展基本规律的基础上，依靠改变世界的现实力量来加以完成，换言之，只有在现实的世界中并使用现实的手段才能实现人的真正解放。马克思和恩格斯为探讨人类社会发展规律进而寻求人的真正解放的路径提供科学的分析方法，完成唯物史观的方法论奠基，也就是历史唯物主义真正奠基的重要标志，就在于马克思哲学首先确立了实践基础之上的人的社会历史生成的分析范式，这种科学方法的系统表达，是通过对青年黑格尔派的意识哲学和费尔巴哈的人本主义哲学这种历史唯心主义思维范式的超越来加以完成的。

具体而言，实现从价值诉求和伦理批判为中心转向现实实践和历史生成相结合的分析范式的转换，这是马克思哲学对人类社会发展规律探求趋向成熟的标志，这种认识上的跨越式转变是在《德意志意识形态》的写作时期完成的，其显著标志便是对宗教史观和意识哲学的颠覆的同时实现实践与历史生成分析方法的确立。从1844年9月起，由于需要对青年黑格尔派进行反击，马克思并未继续《黑格尔法哲学批判》的写作来完成以黑格尔法哲学批判的形式对其法学和国家学进行批判，而是开始把阐述新的革命的唯物主义世界观，同批判青年黑格尔派以及德国资产阶级和小资产阶级所代表的唯心主义世界观结合起来。马克思哲学在这一时期逐渐把此前那种人道主义批判、形而上学追问以及“应然”的价值预设思维范式转向现实的历史生成分析范式，为此后对自由资本主义社会内在矛盾更加深入的揭示分析提供了科学方法论前提。通过对《德意志意识形态》的解读可以发现，马克思和恩格斯的历史观革命肇始于把理论研究对象从宗教史和自我意识的历史拉回到社会的现实发展过程，以历史生成的视野剖析人类现实历史的基础和规律，进而在对历史规律的分析方法和人类解放的路径探求上摆脱了观念决定论的思维范式和人道的抽象原则，突出了实践的基础意义及其在人类历史中的作用，明确了对人类历史规律的探求不应仅仅局限在思想领域，而应考察人类社会发展的现实的历史过程。同时，通过明确历史生成视野和历史生成分析方法在对人类社会发展规律探求中的积极意义，避免了费尔巴哈人本学唯物主义为代表的另一种形式的历史唯心主义。

一 对青年黑格尔派的总体批判与现实实践维度的彰显

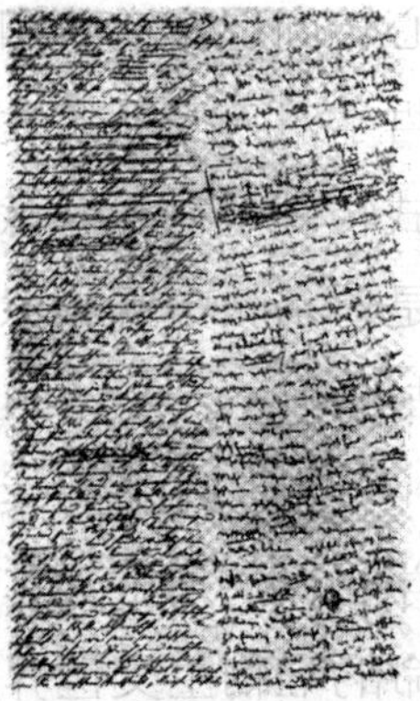
《德意志意识形态》第一卷第一章《费尔巴哈》中的一页手稿

马克思和恩格斯对青年黑格尔派的总体批判，集中在《德意志意识形态》的第一卷，在该卷第一章“费尔巴哈”中，马克思和恩格斯主要对费尔巴哈、布鲁诺·鲍威尔、麦克斯·施蒂纳等人的观点进行了总体性的批判，重点对费尔巴哈人本学唯物主义进行了批判，正面阐述了历史唯物主义的基本原理，而继第一章之后，在该卷的“莱比锡宗教会议”部分，又分“圣布鲁诺”和“圣麦克斯”两章，分别对布鲁诺·鲍威尔和施蒂纳的相关著作的观点进行了逐条批判。之所以以“莱比锡宗教会议”来命名该部分的内容，是因为1845年在莱比锡出版的青年黑格尔派的杂志《维干德季刊》第3卷上，发表了布鲁诺·鲍威尔和麦克斯·施蒂纳反驳费尔巴哈、赫斯、马克思和恩格斯的文章。因为宗教会议是天主教为了审判异教徒和斥责异端邪说而召开的高级僧侣会议，马克思和恩格斯便把布鲁诺·鲍威尔和麦克斯·施蒂纳的反驳比喻为高级僧侣在宗教会议上对异教徒的审判，从而把《维干德季刊》第3卷讽喻为“莱比锡宗教会议”。[1]

马克思和恩格斯指出，“这种世界观**没有前提是绝对不行的**，它根据经验去研究现实的物质前提，因而最先是**真正**批判的世界观。这一道路已在‘德法年鉴’中，即在‘黑格尔法哲学批判导言’和‘论犹太人问题’这两篇文章中指出了。但当时由于这一切还是用哲学词句来表达的”[2]。按照马克思自己的说法，他的世界观经历了一个发展和飞跃，这一飞跃是在《德意志意识形态》等著作中完成的。实践基础之上的历史生成分析方法的形成，始于马克思和恩格斯对青年黑格尔派精神哲学以及费尔巴哈人本主义哲学的批判，进而言之，马克思和恩格斯新世界观的系统表达，是通过超越青年黑格尔派精神哲学和思辨哲学的非现实性，以及陷入历史观上唯心主义窠臼的人本主义哲学中的非“历史”感之局限来实现的。

如前所述青年黑格尔运动以及费尔巴哈人本主义哲学的兴起，源自他们对19世纪初德国封建专制制度的不满以及黑格尔哲学自身的矛盾。而众所周知，通过诉诸一个终极本原来寻求对世界的解释是西方传统哲学的核心特征，这一传统在黑格尔哲学中达到了高峰。黑格尔从绝对精神出发建构了其庞大的唯心主义体系，“并不满足于记述思想中的东西，他还试图描绘它们的生产活动”[3]。黑格尔认为世界中存在的万事万物是绝对精神自我发展过程中的产物，世界的发展是绝对精神按照自身规律自行发展的过程，可见，绝对精神在黑格尔哲学中就是作为最终本体而存在的。黑格尔哲学在历史上曾起到积极的作用，马克思哲学认为，“黑格尔的思维方式不同于所有其他哲学家的地方，就是他的思维方式有巨大的历史感做基础。……他是第一个想证明历史中有一种发展、有一种内在联系的人。”[4]“黑格尔第一次——这是他的伟大功绩——把整个自然的、历史的和精神的世界描写为一个过程，即把它描写为处在不断的运动、变化、转变和发展中，并企图揭示这种运动和发展的内在联系。”[5]必须承认，黑格尔思辨哲学体系揭示了辩证的发展过程，但是由于黑格尔把辩证发展的原则仅仅局限于精神领域，他所说的历史是指精神的历史而非现实的历史，现实的历史只被他看做是绝对精神发展过程中的产物，在他看来，“不仅整个物质世界变成了思想世界，而且整个历史变成了思想的历史”[6]。所以马克思哲学认为，虽然黑格尔的思想发展却总是与世界历史的发展紧紧平行着，但“后者按他的本意只是前者的验证。真正的关系因此颠倒了，头脚倒置了”[7]。因为“在黑格尔看来，历史归根结底也只是用来检验逻辑运算问题”[8]。同时，由于黑格尔通过把人和外部世界全部精神化来解决人与外部世界的矛盾，并且为了体系的完整性最后竟取消了矛盾以期达到主体和客体的绝对统一，说什么“在最高的真实里……一切对立与矛盾，不管它们采取什么形式，都失其为对立与矛盾了”[9]。这就注定黑格尔哲学辩证法的革命性与体系的保守性之间出现矛盾，黑格尔认为社会制度和国家是“自我意识”的对象化即异化的产物，只要扬弃异化，让“自我意识”认识到周围世界在本质上不是与他相对立，人和外部世界的对立这一矛盾就会解决[10]，并认为普鲁士王国是其绝对精神的最高体现，从中更可以看出黑格尔哲学对现存制度批判的虚假性及其革命性的虚伪性。

面对黑格尔哲学自身的矛盾，特别是 19 世纪上半叶德国社会自由资产阶级力量的兴起，青年黑格尔派从对基督教和黑格尔哲学的批判开始，展开了对黑格尔哲学保守性和德国封建制度落后性的批判，但从施特劳斯到施蒂纳的青年黑格尔派所进行的斗争都局限于对宗教观念的批判，并仅仅从现实的宗教和真正的神学出发展开对宗教观念的批判，通过以宗教观念代替一切或者宣布一切都是神学上的东西来批判一切，因为他们认为宗教、概念、普遍的东西统治着现存世界。此外他们都试图从黑格尔的辩证哲学方法中吸取资源并引出革命的和无神论的结论，来对黑格尔哲学加以改造进而达到他们批判的目的。

马克思和恩格斯指出，虽然青年黑格尔派对黑格尔哲学保守性和德国封建专制制度落后性展开了批判，但由于他们接受了黑格尔体系所一再坚持的观点，即“观念、思想、概念产生、规定和支配人们的现实生活、他们的物质世界、他们的现实关系”[11]，因而即使他们吸收了黑格尔思维方式中的巨大历史感，那也仅仅是不涉及现实的“用‘历史’和‘历史的’这些字眼随心所欲地想象”[12]，却“没有一个想到要提出关于德国哲学和德国现实之间的联系问题”[13]，这必然导致其理论批判始终“都没有离开过哲学的基地”[14]。事实上，不论是施特劳斯试图用理性主义展开对基督教的批判，切什考夫斯基以行动哲学倡导用理性的规律指导未来，鲍威尔通过在自我意识中爆发革命达到消除异化的目的，还是施蒂纳对“唯一者”的颂扬，青年黑格尔派所进行的斗争都“局限于对宗教观念的批判”，[15] 并仅仅从现实的宗教和真正的神学出发，“硬说一切都包含宗教观念或者宣布一切都是神学上的东西，由此来批判一切”[16]，因为他们均认为“宗教、概念、普遍的东西统治着现存世界”[17]，也就是说思想和概念是决定性的本原，现实世界是观念世界的产物，他们彼此不同的地方仅仅在于“他们想用什么方法来拯救在他们看来还在自己的固定思想的威力下呻吟的人类；……把什么东西宣布为固定思想”[18]。

因此，青年黑格尔派在历史发展的动力问题上，也只能停留在纯粹精神的领域中兜圈子，把宗教幻想推崇为历史的动力，把“关于自己的真正实践的‘想象’、‘观念’变成了一种支配和决定这些人的实践的唯一起决定作用的和积极的力量”[19]，并认为这一力量支配和决定他们的实践。比如，施蒂纳就甚至把宗教的人假设为全部历史起点的原人，在自己的想象中用宗教的幻想生产代替生活资料和生活本身的现实生产。同样，在人的解放途径问题上，由于青年黑格尔派认为“**关系＝观念**”，并仅仅知道“‘**人**’对自身的关系”，因此在他们看来，“一切现实的关系都成了观念”。[20]

马克思和恩格斯认为，既然青年黑格尔派认为人们之间的关系、一切举止行为、受到的束缚和限制，都是意识的产物，并且观念、思想、概念，即被他们变为某种独立东西的意识的一切产物，是人们的真正枷锁，于是，现实关系的不合理就变成了观念本身的不合理，那么只要同意识的这些幻想进行斗争就行了，这导致他们只能“合乎逻辑地向人们提出一种道德要求，要用人的、批判的或利己的意识来代替他们现在的意识”。[21] 比如，施蒂纳认为，只要教会人们从头脑里抛掉这些幻想，当前的现实就会崩溃；费尔巴哈认为，只要教会人们用符合人的本质的思想来代替这些幻想就可以了；鲍威尔认为，只要教会人们批判地对待这些幻想就可以。马克思和恩格斯指出，这种“哲学”批判所能达到的唯一结果，只能是从宗教史上对基督教作一些说明，而且还是片面的说明，但这“绝对不是反对现实的现存世界”。[22]

显然马克思哲学认为，青年黑格尔派批判活动的全部问题，终究是在“黑格尔体系的基地上产生的。不仅是它的回答，而且连它所提出的问题本身，都包含着神秘主义”[23]。由于他们仅停留在纯粹的意识形态领域和纯粹的理论范围内谈论抽象而玄妙的宗教和哲学问题，虽然论及绝对精神的瓦解过程、自我意识和精神观念的发展过程以及人的解放和人的自由问题，但这仅仅是在世俗的外部世界体验不到的纯粹的思想领域中发生的。无疑，离开了现实生活和社会发展的现实进程，他们对历史的思考只能停留在自我意识领域或精神领域，他们所谈的“历史”并不是一定条件下的具体的现实实践的历史，不是历史唯物主义意义上的“对象的历史”，而只能是观念和范畴的历史，因而他们对人的解放的论述仅仅限于精神领域而对现实的改变不可能发生任何实质性作用。

马克思和恩格斯指出，青年黑格尔派“对黑格尔的这种依赖关系正好说明了为什么在这些新出现的批判家中甚至没有一个人试图对黑格尔体系进行全面的批判，尽管他们每一个人都断言自己已超越黑格尔哲学。他们和黑格尔的论战以及他们相互之间的论战，只局限于他们当中的每一个人都抓住黑格尔体系的某一方面，用它来反对整个体系，也反对别人所抓住的那些方面。起初他们还是抓住纯粹的、未加伪造的黑格尔的范畴，如‘实体’和‘自我意识’，但是后来却用一些比较世俗的名称如‘类’、‘唯一者’、‘人’等等，使这些范畴世俗化”[24]。正是因为这些哲学家没有一个想到要提出关于德国哲学和德国现实之间的联系问题，以及关于他们所作的批判和他们自身的物质环境之间的联系问题，对于这种远离活生生的实际生活，停留在抽象的概念、范畴领域的哲学批判，马克思和恩格斯才说，“德国的批判，直到它最近所作的种种努力，都没有离开过哲学的基地”[25]。他们对人的解放的探求也只能停留在精神领域并诉诸其中思想关系的改变来完成。

所以，马克思和恩格斯认为，青年黑格尔派的意识形态家们尽管满口讲的都是所谓“使世界震撼的”词句，因为他们只是用词句来反对这些词句，但只是为反对词句而斗争，所以他们是最大的保守派，既然他们仅仅反对这个世界的词句，那么他们就绝不是反对现实的现存世界，“尽管这种变革的**观念**已经表述过千百次，但这对于实际发展没有任何意义”[26]。因而青年黑格尔派也只能合乎逻辑地向人们提出一种道德要求，要用这一人的、批判的或利己的意识来代替他们现在的意识，从而消除束缚他们的限制。这种改变意识的要求，就是要求用另一种方式来解释现存的东西，也就是说，借助于另外的解释来承认它。马克思和恩格斯认为，这种哲学批判所能达到的唯一结果，是从宗教史上对基督教作一些说明，而且还是片面的说明。至于他们的全部其他论断，只不过是进一步修饰他们的一种要求：想用这样一些微不足道的说明作出具有世界历史意义的发现。因此马克思和恩格斯认为，这种远离社会现实的“哲学批判”，对改变世界是不能发生任何实质性影响的，“如果他们把哲学、神学、实体和其余一切废物都消融在‘自我意识’中，如果他们把‘人’从这些词句的统治下——而人从来没有隶属过这些词句——解放出来，那么‘人’的‘解放’也并没有前进一步”[27]，而只有在现实的世界中并使用现实手段才能实现人的真正的解放。

二 对费尔巴哈的批判与实践和历史分析方法的生成

毋庸讳言，费尔巴哈对马克思哲学思想的转变起了很大的作用，在宗教意识形态和唯心主义占统治地位的德国思想界，费尔巴哈较早从黑格尔哲学的捍卫者转变为其批判者，费尔巴哈通过从整体上和根本上批判黑格尔哲学和基督教神学，在当时最早使人们把对哲学的理解从思辨领域

马克思恩格斯《德意志意识形态》手稿

解放出来。我们知道，西方传统哲学的集大成者黑格尔认为，“哲学按其本性来说就是某种奥秘的东西”，“哲学只是由于它正好与知性相对立并从而更与常识相对立……才成其为哲学；相对于后者而言，哲学的世界自在地和自为地是一个颠倒的世界”[28]。他还认为，“凡是在生活中真实、伟大和神圣的东西，只有通过理念才是这样的东西；哲学的目标是把握理念的真正形态和普遍性”[29]。不难看出，黑格尔理解的哲学是对常识的颠倒，常识认为超感世界是对可感世界的反映，但黑格尔却认为可感世界正是超感世界的逻辑展开，因此把握理念的形成发展史便成为黑格尔哲学的主要内容。费尔巴哈早期也认为理性是世界的内在基础，概念则是事物的本质。但很快他就不满于黑格尔为了调和哲学和宗教而对宗教作理性主义解释，他在承认黑格尔哲学是思辨的体系哲学顶峰的同时，对他的哲学展开了强烈的批判。[30]费尔巴哈认为，在黑格尔哲学里，“一切都必须得到表达（证明），或者一切都必须转变成表达，化为表达。表达从表达以前所知道的东西进行抽象；它必须做出一个绝对的开端。……表达是自在自为的间接的东西；因此最初的东西在表达里面也决不是一个直接的东西，而是一个设定的、依存的、经过中介的东西，因为最初的东西为一些思想范畴所规定，而这些思想范畴是自明的，先于并且独立于自行表达的、在时间中作解释的哲学的。因此表达经常要诉之于一个更高的、对于它说是先验的法庭”[31]。与黑格尔哲学从逻辑的开端开始，把逻辑的东西当成一切的基础和本质不同，费尔巴哈则明确指出哲学必须从直接的感性存在开始，指出：“感性的、个别的存在的实在性，对于我们来说，是一个用我们的鲜血来打图章担保的真理。”[32]“哲学是关于真实的、整个的现实界的科学；而现实的总和就是自然（普遍意义的自然）。最深奥的秘密就在最简单的自然物里面，这些自然物，渴望彼岸的幻想的思辨者是踏在脚底下的。只有回到自然，才是幸福的源泉。”[33]显然，费尔巴哈把哲学的主题从思辨的逻辑和理念拉回到了人和自然，此后他在《基督教的本质》中所进一步表达的关于自然界是不依赖于任何哲学而存在的，人类是自然界的产物，自然界是人类赖以生存的基础；在自然界和人以外不存在任何东西，我们的宗教幻想所创造出来的那些最高存在物只是我们自己的本质的虚幻的反映等等思想，是其人本主义思想的进一步深化。可以说，费尔巴哈在当时最早使人们把对哲学的理解从黑格尔和青年黑格尔派所营造的思辨领域解放出来，把哲学的主题从思辨的逻辑和神学世界拉回到了人和自然。

费尔巴哈对唯物主义权威的恢复在当时起到了极大的思想解放作用，也深深地影响了马克思和恩格斯对人的解放之路的探求。马克思在《1844年经济学哲学手稿》中就曾指出："**费尔巴哈**是唯一对黑格尔辩证法采取**严肃的、批判的**态度的人；只有他在这个领域内作出了真正的发现，总之，他真正克服了旧哲学。"[34] 恩格斯也指出："这部书（《基督教的本质》——笔者注）的解放作用，只有亲身体验过的人才能想象得到。那时大家都很兴奋：我们一时都成为费尔巴哈派了。"[35] 在《德意志意识形态》中，马克思和恩格斯在对青年黑格尔派的个别代表人物进行专门批判之前，就德国哲学以及意识形态整体提出一些能揭示他们的共同的意识形态前提的一般意见，从而表明他们在进行批判时所持的这些观点对于了解和说明以后各种批评意见的必要性，马克思和恩格斯特别指出："我们这些意见正是针对**费尔巴哈**的，因为只有他才至少向前迈进了一步，只有他的著作才可以认真地加以研究。只有他的著作才会进一步阐明一般意识形态的全部前提。"[36] 可见，费尔巴哈人本学唯物主义对马克思和恩格斯的影响之大。

费尔巴哈对人的解放之路的探求开始于对宗教哲学和黑格尔哲学的批判，他认为黑格尔理性主义是宗教哲学的支柱。他把反对宗教的斗争看作自己哲学活动的主要目的和主要任务，是因为他认为只有人们树立了唯物主义的权威，只有摆脱了唯心主义哲学和宗教迷信以后，才能在决定性的程度上达到使人摆脱封建的规范和束缚的目的。[37] 他指出，他的全部著作“只有一个目的、一个意志和思想、一个主题。这个主题正是宗教和神学，以及与之有关的一切东西”[38]。并认为哲学就应当使人的本质自身成为哲学的原则，这才是最积极的现实原则。正因为费尔巴哈对哲学作了这样的理解，所以他才认为“社会和关于人、人的活动的社会规定，较之研究更具普遍意义的综合问题——作为一般哲学的人本学问题——的哲学，是意义不大的”[39]。这样，对社会历史进程的分析以及对现实社会生活矛盾的分析实际上就被排除在费尔巴哈的视野之外了，在费尔巴哈看来，外部事物和人即感性世界是对立自存的，现实世界是一个凝固的客体。他批判宗教唯心主义的结果仅仅是转向对一般哲学的人本学问题的研究，指出神的观念是人的本质的异化，用自然界和人代替神的地位，但是，费尔巴哈人本学唯物主义在确立唯物主义权威的同时，并没有用历史发展的方法展开对宗教世俗基础的解读和批判，从而其对人的本质和社会发展规律的理解仍然有着极大的局限性。由于费尔巴哈哲学中“历史”的缺失，导致他把全部哲学归结为对自然膜拜的自然哲学，包括肉体和灵魂统一的生理学以及把爱捧上了天的颂歌的心理学在内的人类学，还有符合“人”的概念的道德，以为建立“爱”的宗教这样就可以达到人的解放了。马克思和恩格斯认为这必然导致其哲学理论存在如下重大缺陷：

首先，费尔巴哈不理解人的实践活动的革命性意义。正如马克思在《关于费尔巴哈的提纲》中所指出的，包括费尔巴哈的唯物主义在内的从前的一切唯物主义“对对象、现实、感性，只是从**客体**的**或者直观**的形式去理解，而不是把它们当作**感性的人的活动**，当作**实践**去理解，不是从主体方面去理解”[40]。费尔巴哈把主客体关系割裂开来，仅仅把对象、现实、感性当作有别于思维的存在，实际上他对感性世界的理解"一方面仅仅局限于对这一世界的单纯的直观，另一方面仅仅局限于单纯的感觉"[41]，这必然导致他忽视主体的能动作用。即使费尔巴哈所谈到的实践既不是物质生产的实践，也不是积极活动的实践，更谈不上革命活动的实践，而是作为"类"的人的实践，主要是指消费的实践，如他所说，是指"饮食"的实践，或者是指卑污的犹太人的商业活动，这导致费尔巴哈贬低实践，仅仅把实践看成是主观的、为私利所玷污的"直观"，仅仅把理论活动当作人的真正活动，并以此来达到他所追求的纯粹的客观性。

针对黑格尔"把现实的'人'及其'精神'都抽象化为'无人身的理性'，又把人的现实活动抽象化为'无人身的理性'的自我运动"[42]，费尔巴哈在这个问题上指出了黑格尔的错误，认为在思维与存在关系问题上，"要理解思维和存在、精神和物质、人和自然界的统一，不应该从观念出发，而应该从有感觉的人和自然界出发；精神应能在物质中找到自己的位置，而物质在精神中却找不到自己的位置；人及其思维、感觉和需要应是这种统一的有机反映"[43]。但同时费尔巴哈又陷入了另一种错误，即他仅仅停留在抽象的个人及其感性的直观层面去理解人的现实活动。

马克思和恩格斯认为，费尔巴哈之所以看不到实践的革命性意义，是因为他缺少历史的视野，把人们周围的感性世界，把自然界和人类社会的发展都看成了有史以来始终存在并一成不变的东西，指出"他没有看到，他周围的感性世界决不是某种开天辟地以来就直接存在的、始终如一的东西，而是工业和社会状况的产物，是历史的产物，是世世代代活动的结果，其中每一代都立足于前一代所奠定的基础上，继续发展前一代的工业和交往，并随着需要的改变而改变他们的社会制度。甚至连最简单的'感性确定性'的对象也只是由于社会发展、由于工业和商业交往才提供给他的"[44]。费尔巴哈哲学中"历史"的缺失，使得他不能认识到，无论自然界或人类社会，都处在历史发展过程之中，都是生产活动和社会制度变迁的产物，是世代相承的活动的结果，每一代人在前一代人所创造的物质和精神成果之上，继续改变和发展着他们的生产和交往方式，并且随着生产方式的改变而改变着大自然以及他们的社会制度。马克思哲学认为，正是物质生产活动的实践使人区别于动物，并作为人类社会发展的基础和动力。针对费尔巴哈特别谈到自然科学的直观，提到一些只有物理学家和化学家的眼睛才能识破的秘密，马克思和恩格斯反问道："但是如果没有工业和商业，哪里会有自然科学呢？甚至这个'纯粹的'自然科学也只是由于商业和工业，由于人们的感性活动才达到自己的目的和获得自己的材料的。"[45]更为重要的是，马克思和恩格斯指出，整个现存的感性世界的基础恰恰是人的连续不断的感性劳动、创造和生产，因为"它哪怕只中断一年，费尔巴哈就会看到，不仅在自然界将发生巨大的变化，而且整个人类世界以及他自己的直观能力，甚至他本身的存在也会很快就没有了"[46]。离开了历史生成视野，把自然界和人类社会看成一成不变的东西，看不到正是人类的物质实践活动才是人类社会发展的基础，这必然使费尔巴哈看不到实践活动的革命性意义，也不能提出改造世界的任务，更不能找到人的解放的现实力量。

其次，"历史"的缺失导致费尔巴哈对人和社会作了抽象解读。费尔巴哈最重要的一个信条就是："应当遵循感官！"因此他强调指出："感性的东西开始之处，就是宗教与哲学结束之处，并且由此而使我们得以获得简单而明白的真理。"[47]可见费尔巴哈与以抽象推理为出发点的德国唯心主义哲学家不同，他认为感觉是认识的基础，认为"物质、自然界不仅是精神的基础，也是一切知识和一切哲学的根据、本原"[48]。并且，承认人是"感性对象"，也会使他走向对人类社会生活的探索，这无疑是费尔巴哈比"纯粹的"唯物主义进步的地方，但"历史"的缺失导致费尔巴哈所理解的人只是自然意义上的感觉的主体和感性对象，而不是实践即感性活动的主体，这又必然使其陷于“直观”、“解释”世界层面，而不能“改变世界”。的确，费尔巴哈仅仅要“证明自然界的客观性，而不是它的可变性；是规律性和必然性的客观意义，而不是它们的历史性”[49]。当费尔巴哈诉诸人的感觉时，因为他不了解感觉是人的长期社会历史和人们社会活动的产物，他把感觉同样抽象化了，列宁因此认为其人本主义仅仅是唯物主义的不确切的表述。[50] 在费尔巴哈那里，“类”仅仅作为跟其他的人群相同的各种生理学特征而跟自然界相对立。总之，他还没有达到对社会关系和人类实践的彻底唯物主义的理解。正如马克思在谈到德国哲学时指出：“道德、宗教、形而上学和其他意识形态……它们没有历史，没有发展。”[51] 由于缺乏历史生成视野，费尔巴哈虽然把人看作是自己唯物主义的基础，但他主要是强调人的存在的自然条件，因而把人只看作是“感性对象”，而不是“感性活动”，不是从社会关系的视野去分析现实活动中的人与人之间的关系，所以，“他在这里也仍然停留在理论的领域内，没有从人们现有的社会联系，从那些使人们成为现在这种样子的周围生活条件来观察人们……他还从来没有看到现实存在着的、活动的人，而是停留于抽象的‘人’，并且仅仅限于在感情范围内承认‘现实的、单个的、肉体的人’，也就是说，除了爱与友情，而且是理想化了的爱与友情以外，他不知道‘人与人之间’还有什么其他的‘人的关系’”[52]。可见，费尔巴哈照例脱离具体社会历史条件而对人作了抽象化的解读。

费尔巴哈把人只看成是感觉的主体，而非感性活动的主体。马克思哲学认为，只有在历史性的社会关系中的人才是真正的人，脱离了现实历史发展和社会关系的人，那只是“人自身”，不是具体的现实的人。由于不了解处于历史展开过程中的、处于一定社会关系中的人，所以马克思和恩格斯认为费尔巴哈知道的“也仅仅是两

个人之间的交往。……任何存在物本身都不是真正的、完善的、绝对的存在物，真理和完善只是**两个**本质相同的存在物的结合和统一”[53]。“费尔巴哈对感性世界的‘理解’一方面仅仅局限于对这一世界的单纯的直观，另一方面仅仅局限于单纯的感觉。费尔巴哈设定的是‘**人**’，而不是‘现实的历史的人’。”[54]实际上费尔巴哈所谈的人只是“人自身”，不是处于历史展开过程之中并承载着特定社会关系的具体的现实的人，这样，费尔巴哈就仅仅知道“两个人之间的交往”，说什么“人**的本质**只包含在共同体中，包含在**人和人的统一**中，但是这个统一只是建立在自我和你之间的**差别的现实性**上。——人本身就是人（在一般意义上），**和人结合起来的**人，**自我和你**的统一，**则是上帝**”。[55]马克思和恩格斯指出，透过这种表达的神秘形式，费尔巴哈所说的两个人之间的交往实际上主要是指种的延续的行为、自我和你的共同性，精神和肉体的人的产生，除此之外，并没有更多的内涵。可见，费尔巴哈脱离了具体社会历史条件对人作了抽象化的解读。毫无疑问，当费尔巴哈把人当作一定生理特征和道德特性的总和而加以考察，从人的抽象的和不变的生理特性和精神特性出发来解释社会，基于抽象人道主义和自然主义对宗教进行批判时，“人”在他那里变成了是一个没有历史感的脱离具体社会关系的抽象实体，这就使得他的哲学仍然未能摆脱西方传统哲学的局限。而马克思和恩格斯则从现实的前提出发来谈人，所谈到的不是抽象的人，不是生物学意义上的人，不是处在某种虚幻的离群索居和固定不变状态中的人，而是“处在现实的、可以通过经验观察到的、在一定条件下进行的发展过程中的人”[56]。

再次，在人的解放途径上费尔巴哈仅仅停留于价值悬设层面。由于离开了历史的辩证发展，不了解实践活动的意义，人自然就只能被抽象成了生理学意义上的人，人与人之间的关系仅被看成是情和爱的关系，这必然会导致费尔巴哈既不可能历史地揭示宗教产生的世俗基础，也不可能找到消除宗教的科学路径，更不可能揭示现实中存在的人类社会不平等现象的根源，他只能诉诸用关于人的本质的思想去代替宗教幻想，用爱的宗教来解放现实的人类，以达到现实的崩溃。由于费尔巴哈不了解人的本质，不能从历史发展的视野分析人类社会的发展规律，费尔巴哈主要从人类学基础和心理学基础来批判作为维护封建统治和封建制度的精神支柱的基督教，并揭示宗教观念产生的原因。他认为，包括畏惧感、爱情、感谢、尊敬等感情在内的依赖感相联系的幻想和想象力是宗教的理论原因或理论根源，而依赖感的背面是利己主义，就是人们对满足自己需要的追求，就是对幸福的追求。所以费尔巴哈指出“人是宗教的始端，人是宗教的中心点，人是宗教的尽头”[57]，并进一步指出：“神学之**真正意义**是人本学。”[58] 费尔巴哈揭示了宗教心理的复杂机构，并把超自然的世界的内容归结为人的思想、感情和愿望，把宗教幻想的根源从天国移到地上，移到人类生活中，移到人身上，应该说这种分析达到了马克思之前对宗教批判的最高水平，但他显然停留在从思想来解释思想，用适应于“人的本性”的思想和观念来替代幻想的宗教表象，没有进行具体的历史的分析，不能从宗教产生的社会条件和阶级根源等方面来揭示宗教现象，甚至认为只要改变人们的观念就可以消灭宗教。正是从这一人本主义思路出发，为了反对当时伪善的道德，费尔巴哈建立了以人性为基础、以人们互爱为基础的“爱”的宗教，这也是其思想发展的必然结果。

正因为费尔巴哈从来没有把感性世界理解为构成这一世界的个人的全部活生生的感性活动，当他看到的是大批患瘰疬病的、积劳成疾的和患肺痨的穷苦人而不是健康的人的时候，便不得不求助于“‘最高的直观’和观念上的‘类的平等化’”[59]，这就是说，正是在历史唯物主义者看到改造工业和社会结构的必要性和条件进而解放人类的时候，他却重新陷入了历史观上的唯心主义。

总之，由于费尔巴哈忽视了黑格尔哲学中的历史方法，缺少了实践基础之上的历史生成视野，仍然使得他不了解实践活动的革命意义，并导致他对人和社会的抽象解读以及解放途径上的抽象价值悬设思维范式。历史生成视野的缺失导致费尔巴哈哲学中唯物主义和历史彼此完全脱离，使其在历史观上仍然陷入唯心主义窠臼。因此马克思和恩格斯认为，“当费尔巴哈是一个唯物主义者的时候，历史在他的视野之外；当他去探讨历史的时候，他不是一个唯物主义者”[60]。

三 对布鲁诺·鲍威尔和麦克斯·施蒂纳观点的逐条批判

如前所述，马克思和恩格斯对青年黑格尔派的批判的直接原因，就是因为 1845 年在莱比锡出版的青年黑格尔派的杂志《维干德季刊》第 3 卷上，发表了布鲁诺·鲍威尔和麦克斯·施蒂纳反驳费尔巴哈、赫斯、马克思和恩格斯的文章。马克思和恩格斯在对历史唯物主义进行了正面阐述之后，对青年黑格尔派中的布鲁诺·鲍威尔和麦克斯·施蒂纳的观点进行逐条批判，在此过程中进一步揭露了青年黑格尔派的唯心主义实质，彰显了历史唯物主义的基本原理。

（一）对布鲁诺·鲍威尔的批判

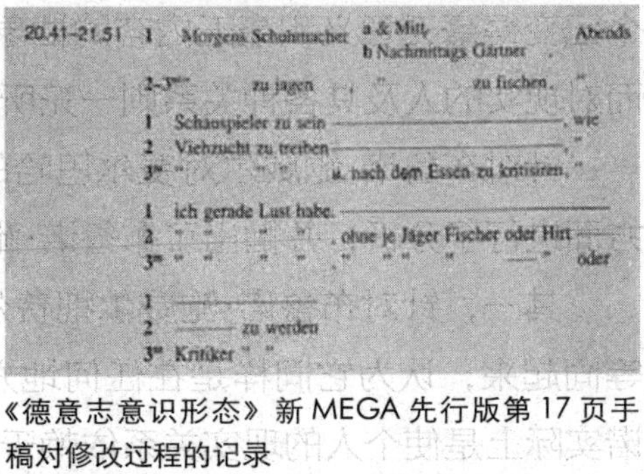

《德意志意识形态》新 MEGA 先行版第 17 页手稿对修改过程的记录

在第一卷第二章“圣布鲁诺”中，马克思分别从“征讨”费尔巴哈、圣布鲁诺对费尔巴哈和施蒂纳之间的斗争的思考、圣布鲁诺反对“神圣家族”的作者、与“莫·赫斯”的诀别等四个部分，批判了布鲁诺·鲍威尔的唯心主义观点。

（1）在关于布鲁诺“征讨”费尔巴哈这部分中，马克思和恩格斯指出，黑格尔以歪曲的形式反映现实冲突的那种抽象的和神秘的词句，在布鲁诺·鲍威尔看来就是现实冲突本身，因而他接受了思辨的矛盾，并把这个矛盾的一部分同另一部分对立起来。他还抄袭费尔巴哈关于哲学的定义，认为“哲学总不外是还原为自己的最一般的形式、最合理的表达方式的神学”。布鲁诺的“哲学”就是“要求”“人消融”于他的一种“偶性”的观念，即消融于作为“实体”的自我意识的观念之中，因而布鲁诺·鲍威尔并没有离开思辨的基地来解决思辨的矛盾。这突出表现在：由于在他看来，关于现实问题的哲学词句就是现实问题本身。因此，他认为：“一方面，现实的人以及他们对于从外表上看是独立在外而和他们对立的他们自己的社会关系的现实意识都非实有，实有的只是**自我意识**这种赤裸裸的抽象词句，正如现实的生产都非实有，实有的只是**这种自我意识的已经独立化的活动**一样；另一方面，现实的自然界和现实存在的社会关系都非实有，实有的只是这些关系的一切哲学范畴或名称归结而成的赤裸裸的哲学词句，即**实体**”[61]。马克思和恩格斯认为，布鲁诺实际上同所有哲学家和思想家一起，错误地把思想、观念、现存世界在思想上的独立化了的表现当作这个现存世界的基础，用这两个已变得毫无意义和毫无内容的抽象，他就能够变各式各样的戏法，而对现实的人及其各种关系则一无所知。

针对布鲁诺·鲍威尔对费尔巴哈的批判，马克思分别从如下三个方面进行了分析，并指出了布鲁诺·鲍威尔的唯心主义错误实质：

其一，针对布鲁诺·鲍威尔把费尔巴哈所说的类和黑格尔的绝对等同起来，认为它同样是在任何地方都不存在的。马克思认为布鲁诺实际上是使个人的现实关系依赖于对这些关系的哲学解释。

其二，布鲁诺·鲍威尔认为费尔巴哈用来把理性、爱和意志所构成的上帝的三位一体变成某种“在个人之中并统治着个人”的东西，指出这种异端邪说是极其丑恶的。马克思和恩格斯认为，费尔巴哈的错误不在于他说出了这一事实，而在于他以唯心主义的方式使之独立化了，没有把它看作是历史发展的一定的、暂时的阶段的产物。

其三，布鲁诺·鲍威尔反对费尔巴哈的“感性”，认为感性就是色欲、肉欲和傲慢，特别是按照《圣经》上的解释，肉欲的事情就是通奸、奸淫、污秽、淫乱、偶像崇拜、迷惑、敌视、争吵、嫉妒、愤怒、纠纷、不睦、成群结党、仇恨、谋杀、酗酒、饕餮等等。布鲁诺认为，肉欲的思念就是死亡，而精神的思念就是生命与和平；肉欲的思念是对批判的敌视，而一切肉欲的东西都是从尘世产生的。马克思和恩格斯指出，思念神灵而又憎恶肉欲的罪恶外衣的布鲁诺认为费尔巴哈把人这个词变成空洞的字眼，不是制造和创造完整的人，而是把全人类奉为绝对，指责费尔巴哈不是把人类而是把感觉说成是绝对物的器官，认为感性的事物，是绝对的、毋庸置疑的、完全确实的东西，因此诅咒费尔巴哈，认为他是暴徒的首领，将他摈于门外，使之与恶犬、妖术者、通奸者和杀人犯为伍，但布鲁诺完全不是反对费尔巴哈用以承认感性的那种极端有限的方法。

布鲁诺·鲍威尔认为费尔巴哈既是一个被人道主义鼓舞又败坏了的唯物主义者，也就是忍受不住尘世以及尘世的存在但想化为精神而升天的唯物主义者；又是这样一个不能思考也不能建立精神世界，而被唯物主义所累的人道主义者。布鲁诺·鲍威尔认为人道主义就在于“思考”和“建立精神世界”，而唯物主义者“只承认当前现实的东西，即**物质**，承认**它**是积极地展示**自己**并实现**自己**的多样性的东西，是**自然**”。[62] 马克思和恩格斯认为，布鲁诺·鲍威尔错误地把一些唯物主义者关于物质的哲学词句当作他们世界观的真实的核心和内容了。

（2）在关于圣布鲁诺对费尔巴哈和施蒂纳之间的斗争的思考部分，马克思和恩格斯指出布鲁诺为了驳倒费尔巴哈和施蒂纳，采用了分而治之的办法，让他们自己发生争执，使费尔巴哈的人和施蒂纳对立，又使施蒂纳的唯一者和费尔巴哈对立，然后宣布势不两立的双方把对方消灭的剩余部分为实体，进而认为它应当永远受诅咒。

（3）在圣布鲁诺反对《神圣家族》的作者部分中，马克思和恩格斯指出，圣布鲁诺把《神圣家族》序言中所找到的“真正的人道主义”这个用语，作为了自身假设的主要根据。

（4）在与“莫·赫斯”的诀别部分中，圣布鲁诺指责马克思和恩格斯没有完成对施蒂纳的批判，而赫斯却正在完成这项工作，但又同时指责赫斯在某些地方没有了解费尔巴哈，且由于使用了“联合的”和“发展”这两个字眼，因此抄袭了黑格尔。马克思认为圣布鲁诺对费尔巴哈和施蒂纳的批判，是“通过自身、在自身中并与自身一起”完成的，因为他就是“他自身”，此外，他“通过自身、在自身中并与自身一起”“永远是最伟大的并且能是最伟大的”。

（二）对麦克斯·施蒂纳的批判

在该章中，马克思和恩格斯主要结合麦克斯·施蒂纳的著作《唯一者及其所有物》，对施蒂纳的唯心主义进行了批判。施蒂纳在其著作《唯一者及其所有物》中，采用了任意编造的手法，宣扬对精神力量的信仰，大量引用《圣经》中有关精神统治世界的无稽之谈。所以，在该章中，马克思和恩格斯把这本书看成和《圣经》一样的东西，在批判过程中用“旧约”“新约”“创世记”“启示录”“所罗门的雅歌”等等《圣经》上的标题来称呼该书的相应部分，而且也引用许多《圣经》里的话来讽刺和嘲笑施蒂纳。[63]

施蒂纳在其著作《唯一者及其所有物》中大力宣扬利己主义，宣称“我就是我的一切，这个我就是唯一者”，主张超越物质世界和精神世界的“唯一者”——“自我”是世界的本源，是唯一的实在，而宗教、国家、道德、财产乃至整个世界及其历史都是“自我”的产物，说什么“神的事”、“人类的事”都是“纯粹利己主义的事”；无论是“神”或“人类”，都只关心自己的事；“真理、自由、人道、正义”“只关心自己，不关心我们，只关心自己的福利，不关心我们的福利”，进而指出：“从**我**这方面来说，**我**由此取得教训，**我**不再为这些伟大的利己主义者服务了，最好自己成为利己主义者吧！”[64]

马克思和恩格斯指出，使施蒂纳转向利己主义的动机，不是现世的财物，不是会被虫子咬坏或锈坏的财宝，不是他的唯一者同道们的资产，而是天上的宝物、神的资产、真理、自由、人类等等。施蒂纳和“神”、“真理”相竞争，他依靠的是自己——“**我**，这个**我**完全和神一样是一切他物的**无**，这个**我**就是**我的一切**，这个**我**就是**唯一者**……**我**是空洞无物意义上的**无**，**而**是创造性的**无**，是作为创造者的**我**自己所赖以创造**一切**的这个**无**。”[65]

他将世界作为他心目中的世界，把世界当作自己关于世界的观念来把握，把所有这一切表达为一句无与伦比的话：“**我**把一切都归于**我**。”认为除他之外任何世俗力量都没有力量驾驭精神，精神是世上的最高力量，而他却征服了这万能的精神。马克思和恩格斯指出，施蒂纳所摧毁的只是“青年”头颅中的“祖国”等等思想所具有的幻想的怪影般的形象，他根本还没有触及这些思想，因为这些思想是表达现实关系的。[66]

马克思和恩格斯指出，在《唯一者及其所有物》第一部分“人的生活”中包含着唯一者的全部家政的萌芽，它向我们提供了直到最后时刻、世界末日来临之际的整个后来发展的原型：唯一者的全部历史围绕着儿童、青年和成人这三个阶段兜圈子，这三个阶段又具有“各种转变”，兜着愈来愈大的圈子，最后直到事物世界和精神世界的全部历史被归结为“儿童、青年和成人”为止。施蒂纳对历史的发展阶段作了如下命名：儿童依赖于事物，其基础是唯实主义；青年依赖于思想，其基础是唯心主义；成人则是否定的统一，统一为利己主义。他指出，唯实主义的利己主义者是通常理解的利己主义者，其表现是儿童和黑人；唯心主义的利己主义者是自我牺牲者，其表现是青年和蒙古人；而真正的利己主义者是唯一者，其表现是成人和高加索人。[67]

马克思和恩格斯认为施蒂纳的这种编造历史的方法是最幼稚的、最简单的，表现在作为儿童、青年和成人而出现于我们之前的三个简单范畴，即唯实主义、唯心主义和作为两者的统一的绝对否定（这里称为“利己主义”），被当作全部历史的基础，并挂上各种各样的历史招牌；这些范畴和它们的恭顺的随员即辅助范畴一起，构成所描绘的一切伪历史的阶段的内容。[68] 马克思和恩格斯指出，这种唯心史观的根源在于，正如德国的哲学的历史观，实际上在施蒂纳这里“思辨的观念、抽象的观点变成了历史的动力，因此历史也就变成了单纯的哲学史。这种哲学史不是根据现有材料所载的真实面貌来理解的，历史便成为单纯的先入之见的历史，成为关于精神和怪影的神话，而构成这些神话的基础的真实的经验的历史，却仅仅被利用来赋予这些怪影以形体，从中借用一些必要的名称来把这些怪影装点得仿佛真有实在性似的”[69]。

马克思着重指出了施蒂纳在对观念、意志与现实生活和现实关系之关系上的颠倒。

其一，在对宗教产生原因的分析上，施蒂纳仅仅从宗教的自身原因去加以说明，马克思和恩格斯认为使人们满足于精神史的观点本身就是宗教的观点，因而应当从经验条件去解释宗教，重要的是要说明：“一定的工业关系和交往关系如何必然地和一定的社会形式，从而和一定的国家形式以及一定的宗教意识形式相联系。”[70] 马克思和恩格斯明确指出，“宗教**本身**既无本质也无王国。在宗教中，人们把自己的经验世界变成一种只是在思想中的、想象中的本质，这个本质作为某种异物与人们对立着。这决不是又可以用其他概念，用‘**自我意识**’以及诸如此类的胡言乱语来解释的，而是应该用一向存在的生产和交往的方式来解释的。这种生产和交往的方式也是不以纯粹概念为转移的，就像自动纺机的发明和铁路的使用不以黑格尔哲学为转移一样。如果他真的想谈宗教的‘本质’即谈这一虚构的本质的物质基础，那么，他就应该既不在‘**人的**本质’中，也不在上帝的宾词中去寻找这个本质，而只有到宗教的每个发展阶段的现成物质世界中去寻找这个本质”。[71]

其二，马克思指出了施蒂纳关于下列命题的错误。这个命题是："由**人**这个概念得出的真理，被神圣地奉为这一概念的启示"；"这个神圣概念的启示"，即使"在靠这一概念揭示出来的真理被取消时，也不会失去自己的神圣性"。针对上述命题，马克思和恩格斯指出，实际上决不是人这个神圣概念，而是处在现实交往中的现实的人创造了经验关系，只是在后来，在事后，人们才把这些关系虚构、描绘、想象、肯定、确认为"人"这一概念的启示。[72]

特别是针对施蒂纳所始终坚持的"改变现存的关系仅仅取决于人们的善良意志，现存的关系就是一些观念"的观点，马克思和恩格斯指出："哲学家们那样当作职业，也就是当作**行业**来从事的那种与现存关系脱节了的意识的变化，其本身就是现存条件的产物，是和现存条件不可分离的。这种在观念上的超出世界而奋起的情形就是哲学家们面对世界的无能为力在思想上的表现。他们的思想上的吹牛每天都被实践所揭穿。"[73]

其三，在上述分析基础上指出了施蒂纳在人的解放途径上的荒谬性。马克思和恩格斯指出，施蒂纳真正相信意识形态的各种抽象思想统治着现代世界，深信他在其反对"宾词"、反对概念的斗争中攻击的已不是幻想，而是统治世界的现实力量。[74]说什么"在他对其他人的全部关系中，重要的并不是现实的关系，重要的是每个人能把自己**想象**为什么和在自己的反思中是什么”[75]。因而人们由于现实的生活条件而与自身或他人发生的冲突，在施蒂纳看来就是人们同关于“人”的生活的观念之间的冲突。[76]

马克思和恩格斯指出，施蒂纳对法的全部批判只限于把法律关系的文明的表现和文明的分工说成是“固定观念”、圣物的果实，对于他来说，全部问题只在于名称；至于问题本身他丝毫没有接触到，因为他不知道法的这些不同形式所赖以产生的现实关系，因为他只是把阶级关系在法律上的表现看作是过去野蛮关系观念化了的名称。[77]

施蒂纳“宣称合法的财产是私有财产的基础，而法的概念又是合法的财产的基础，于是他就可以把他的全部批判局限于宣称法的概念是概念，是怪影”[78]。因此在人的解放的途径上，由于施蒂纳幻想人们仅仅由于观念和概念占着统治地位而迄今仍旧坠入灾难的深渊，所以他认为“只要把某些观念从**头脑中**挤出去，……就可以把现在已被认为**非人的**那些现实关系消灭掉，至于‘非人的’这个宾词是与自身的关系相矛盾的个人所具有的判断，还是占统治地位的现存社会对该社会范围以外的被统治阶级的判断，这都是没有区别的”。[79]

马克思和恩格斯指出：“要消灭关系对个人的独立化、个性对偶然性的屈从、个人的私人关系对共同的阶级关系的屈从等等，归根到底都要取决于分工的消灭。”[80] 而这要通过现实的力量，通过无产阶级的革命手段才能得以实现。

总之，通过逐条批判布鲁诺·鲍威尔和麦克斯·施蒂纳的观点，马克思和恩格斯指出，在《维干德季刊》1845 年第 3 卷中发生的这场圣战，不是为了关税、宪法、马铃薯病，不是为了银行事务和铁路等这些现实问题，而是为了精神的最神圣的利益，为了“实体”、“自我意识”、“批判”、“唯一者”和“真正的人”。其中，布鲁诺·鲍威尔披着“自我意识”的法衣，睥睨世界的万物。他以最高的自我意识的名义肆意摆布“实体”概念，摧毁了完整的宗教和具有各种表现的国家，马克思和恩格斯认为，他是精神的“拿破仑”，他仅仅在精神上是“拿破仑”。而麦克斯·施蒂纳用了将近六百页的篇幅来确定和证明了他与自身的同一，说什么“**我**就是**一切**，而且是高于**一切**的某物。我是这种**无**的**一切**，也是这种**一切**的**无**”[81]。马克思和恩格斯认为，他们都陷入了精神哲学和意识哲学的泥淖。

马克思和恩格斯还分析了青年黑格尔派意识哲学产生的根源，指出由于“黑格尔哲学把一切变为思想、**圣物**、幽灵、精神、精灵、怪影”[82]。历史在黑格尔看来是诸精神的历史，他把精神的概念作为基础，然后指出历史是精神本身的过程。马克思和恩格斯指出凡是照黑格尔这样理解历史的人，到最后都不得不达到作为全部以往历史的结果的、在思辨哲学中才完成和就绪的诸精神王国。[83]特别是“人们在其中生产自己生活的并且不以他们为转移的条件，与这些条件相联系的必然的交往形式以及由这一切所决定的个人的关系和社会的关系，当它们以思想表现出来的时候，就不能不采取观念条件和必然关系的形式，即在意识中表现为从**一般**人的概念中、从人的本质中、从人的本性中、从人**自身**中产生的规定。人们是什么，人们的关系是什么，这种情况反映在意识中就是关于人**自身**、关于人的生存方式或关于人的最切近的逻辑规定的观念。于是，在思想家们假定观念和思想支配着迄今的历史，假定这些观念和思想的历史就是迄今存在的唯一的历史之后，在他们设想现实的关系要顺应人**自身**及其观念的关系，亦即顺应逻辑规定之后，在他们根本把人们关于自身的意识的历史变为人们的现实的历史的基础之后，——在所有这一切之后，把意识、观念、**圣物**、固定观念的历史称为‘**人**’的历史并用这种历史来偷换现实的历史，这是最容易不过的了”[84]。

青年黑格尔派忽视了历史的现实基础，看不到实践在人类社会发展中的基础作用，“错误地把思想、观念、现存世界在思想上的独立化了的表现当作这个现存世界的基础”[85]，因而陷入了历史唯心主义。就此而言，马克思哲学指出，就黑格尔以歪曲的形式反映现实冲突的那种抽象的和神秘的词句，在布鲁诺·鲍威尔看来就是现实冲突本身，认为关于现实问题的哲学词句就是现实问题本身，历史是精神本身的过程，这必然使得他对现实的人及其各种关系一无所知，导致他们未能离开思辨的基地来解决思辨的矛盾。[86]

因为对于施蒂纳来说，“在他对其他人的全部关系中，重要的并不是现实的关系，重要的是每个人能把自己**想象**为什么和在自己的反思中是什么”[87]。因此在如何实现人的解放的问题上，施蒂纳认为，人们摆脱这些力量是靠人们把关于这些力量的观念，正确些说，把对于这些观念的哲学的和宗教的歪曲从自己的头脑中挤出去——或用同源词的办法（【能力、资产】和【有能力、有资产】），或用道德公设（例如，但愿你们每个人都成为万能的“我”），或用各色鬼脸怪相以及诙谐的夸张来反对“圣物”的办法。[88] 马克思和恩格斯认为这显然对现实的人的解放不会产生任何实质性影响。

四 对“真正的社会主义”中唯心主义和神秘主义的批判

《德意志意识形态》第二卷的标题为“对各式各样先知所代表的德国社会主义的批判”，该卷主要批判了当时在德国流行的所谓“真正的”社会主义或“德国社会主义”，揭示了这种假社会主义的哲学基础、社会根源和阶级本质。马克思和恩格斯之所以在《德意志意识形态》中对“真正的社会主义”进行批判，是因为大部分“真正的”社会主义者不仅受到费尔巴哈思想的强烈影响，而且还赞同施蒂纳的无政府主义的观点，他们把费尔巴哈的人的“真正的”、真实的本质嫁接到法国社会主义上，认为自由的思想已经过时了，由此他们要求直接实现人的“真正的”本质，因此，他们拒绝参加任何为争取“资产阶级”权利的斗争。他们的集会包含许多道德化的和情感的东西，而这些按照马克思和恩格斯的观点，并不利于对历史进行合理的分析。[89]

郭沫若翻译、群益出版社出版的《德意志意识形态》（1947 年）封面

在第二卷开始马克思和恩格斯就指出，除德国共产主义者之外，还出现了许多著作家，他们接受了英国和法国的某些共产主义思想，把这些思想和自己的德国哲学前提混为一团。这些自称为“真正的社会主义者”认为外国的共产主义文献并不是一定的现实运动的表现和产物，而纯粹是一些理论的著作，这些著作完全像他们所设想的德国哲学体系的产生一样，是从“纯粹的思想”中产生的。他们把这一派中的某些著作家的幻想信以为真，似乎这些著作家所谈的是“最合理的”社会制度，而不是一定阶级和一定时代的需要。马克思和恩格斯认为，“真正的社会主义者”没有看到，即使这些著作是在宣传某些体系，它们仍然是以实际的需要为基础，是以一定国家里的一定阶级的生活条件的总和为基础的。所以这些“真正的社会主义者”实际上当了德意志意识形态的俘虏，因而看不清现实的关系。[90]

马克思和恩格斯进一步指出，这些“真正的社会主义者”对“不科学的”法国人和英国人所采取的行动，就是指出他们只看到了社会发展的表面现象，属于“粗俗的”经验主义，因而首先激起德国读者们对他们的轻视，进而歌颂“德国科学”，认为只有“德国科学”才负有使命要向世界揭示共产主义和社会主义的真理，揭示绝对的、“真正的社会主义”。马克思和恩格斯进一步指出他们赋予社会主义和共产主义的那个“真理”，实际上就是企图用德国的特别是黑格尔和费尔巴哈的意识形态，来阐明社会主义和共产主义文献的思想。但是，由于他们把这类文献错误地理解为是从“纯粹的思想”中产生的，把这些共产主义体系以及批判性和论战性的共产主义著作同现实运动分裂开来，然后，又非常任意地把它们同德国哲学联系起来，把一定的、受历史条件制约的各生活领域的意识同这些领域本身割裂开来，并且用真正的、绝对的意识即德国哲学的意识的尺度来衡量这个意识。

由于“真正的社会主义者”固守“德意志意识形态”观念决定历史的思维范式，并以此去嫁接法国社会主义学说，把法国人的思想翻译成德国思想家的语言，任意捏造共产主义和德意志意识形态之间的联系，也就形成了所谓“真正的社会主义”。比如他们始终把各个具体的一定的个人间的关系变为“人”的关系，他们这样来解释这些一定的个人关于他们自身关系的思想，好像这些思想是关于“人”的思想。他们离开实在的历史基础而转到思想基础上去，同时又由于他们不知道现实的关系，所以他们也就很容易用“绝对的”或者另外的思想方法虚构出幻想的联系。马克思和恩格斯认为，这种“真正的社会主义”不过是无产阶级的共产主义和英国、法国那些或多或少同它相近的党派在德国人的精神太空和德国人的心灵太空中的变形而已，它本身实际上是某种神秘的科学，它不是诉诸德国人的“思维着的精神”，而是诉诸德国人的“心灵”。因为它关心的既然已经不是实在的人而是“人”，所以它就丧失了一切革命热情，它就不是宣扬革命热情，而是宣扬对于人们的普遍的爱了。因此，在德国这样一个政治上和经济上都很落后的国家，这些“真正的社会主义者”就不是向无产者，而是向德国人数最多的两类人即向抱有博爱幻想的小资产者以及这些小资产者的思想家——哲学家和哲学学徒呼吁。马克思和恩格斯认为，这些“真正的社会主义者”正是由于不能摆脱德意志意识形态的羁绊，他们才终生宣传这种“真正的社会主义”。[91]

在该卷第一章，马克思和恩格斯批判了“莱茵年鉴”（即“莱茵社会改革年鉴”）或“真正的社会主义”的哲学，着重分析了海尔曼·泽米希的论文《共产主义、社会主义、人道主义》，以及“真正的社会主义者”鲁道夫·马特伊的文章《社会主义的建筑基石》。

（一）对海尔曼·泽米希唯心史观的批判

之所以在该章中首先批判海尔曼·泽米希的论文《共产主义、社会主义、人道主义》，是因为在马克思和恩格斯看来，这篇论文提出了以人道主义超越法国共产主义的粗陋性质以及费尔巴哈的哲学社会主义，因而十分自觉地、而且以强烈的自尊感表露出“真正的社会主义”的德国民族性质。海尔曼·泽米希认为，法国人通过政治走向共产主义，德国人通过最后变成人类学的形而上学走向社会主义，“共产主义和社会主义归根到底都消融在**人道主义**中了”[92]，马克思和恩格斯指出，海尔曼·泽米希在“驳倒了共产主义和社会主义之后，就给我们揭示出两者的最高统一——**人道主义**。从这时起，我们进入了**人**的境地”。说什么“在**人道主义**中一切关于名称的争论都解决了。为什么要分什么共产主义者、社会主义者呢？我们都是人”[93]。马克思和恩格斯认为这实际上是“把共产主义和社会主义变成了两种抽象的理论、两种原则以后，再给这两个对立面杜撰任何一种黑格尔式的统一，随便安上一个名称”[94]。以此来显示出一个醉心于思辨妙想的个人比法国人和德国人高明的地方。

马克思和恩格斯认为在像德国这样的国家里，由于没有其他民族所有的那种尖锐的阶级对立，许多世纪以来哲学词句都占有一定的势力，这表现在“德国人是 sub specie aeterni [从永恒的观点] 根据**人**的本质来判断一切的，而外国人却是从实际出发，根据实际存在的人们和关系来观察一切的。外国人思考和行动是为了**自己所处的时代**，而德国人思考和行动却是为了**永恒**”[95]。因而海尔曼·泽米希把“无条件的、无前提的自由”作为一种公设，然后指出，法国共产主义是同小店主国家利己主义瓦解现象的粗暴的对立，共产主义在法国没有超越这种政治上的对立，没有达到无条件的、无前提的自由。而要实现这种对立的超越，只需把这种对立想象成已被克服的就够了。马克思和恩格斯批判了海尔曼·泽米希在共产主义的理解及其实现形式探求上的荒谬性，进一步指出，“真正的社会主义者”海尔曼·泽米希虽然谈到了食利者（即工业资本家、小资本家以及游手好闲者）和无产者的对立，并在这种对立中看到了社会中存在的两极，指出：“现在我们这个社会如此野蛮化了，有些人（**食利者**）像野兽一样贪婪地向他人的劳动产品猛扑，让自己的固有本质由于游手好闲而腐化；这一情况的**必然结果**是：另一些人（**无产者**）被迫**像机器一样地**工作，他们的财产（他们固有的人的本质）之所以丧失，并不是由于游手好闲，而是由于过度的疲劳。”[96] 但是他却“用神圣的哲学语言说出这种关于无产者和食利者对立的滥调，……用空洞抽象的词句表达这种幼稚的思想”，说什么其原因是食利者让自己的固有本质腐化，而这一原因又是因为我们这个社会如此野蛮化了，但为什么社会如此野蛮化了，那就得问上帝。马克思和恩格斯认为，显然“它不是用普通的语言，而是用神圣的哲学语言说出这种关于无产者和食利者对立的滥调，不是用恰如其分的词句，而是用空洞抽象的词句表达这种幼稚的思想”[97]。

总之，“真正的社会主义者”在历史观问题上坚持了“概念、观念统治现实"的唯心主义观点，"这种真正的所有制的理论把至今存在着的一切**现实的**私有制只看成是一种假象，而把从这种现实的所有制中抽象出来的观念看成是这种假象的**真理**和**现实**"。[98] 在他们那里"理论在这里被说成是'生活的分裂'的原因"，认为"所有**现实的**分裂都是由**概念的分裂**所引起的"。马克思和恩格斯指出："既然他们充满了关于概念能够创造世界和毁灭世界这一哲学信念，他们当然也就会认为某一个人能够通过消灭某种概念而消灭生活的分裂。"马克思和恩格斯认为，这些"真正的社会主义者"像所有德国的思想家一样，经常把文献的历史和现实的历史当作意义相同的东西混淆起来。因为他们把自己的始终非常丰富的幻想和现实等量齐观。[99]

（二）批判鲁道夫·马特伊的哲学神秘主义

在该部分马克思和恩格斯主要对"真正的社会主义者"鲁道夫·马特伊的文章《社会主义的建筑基石》进行了批判，因为鲁道夫·马特伊在该文中提出了一个命题，认为幸福是过去几千年来的一切愿望、一切运动和一切坚持不懈的努力的最终目的，但人类的怀着自己一切愿望的心在彼岸世界找到了避难所；它把幸福移到了那里，因而带来了人间生活的一切灾难。针对这种把生活和幸福割裂开来、出现人的二重性的现象，鲁道夫·马特伊质问道：

"难道人不是像其他一切实体一样，也是来自太古世界，也是自然界的创造物吗？难道他不是由**同样的**物质构成的吗？不是天生就有**同样的**能使**万物**具有生活的普遍力量和特性吗？为什么他还在某个人间的彼岸世界中寻找自己的人间的幸福呢？"[100]

鲁道夫·马特伊认为，人与万物既具有"同样的普遍力量和特性"，具有统一性，同时也有着明显的区别，那就是：

"人**认识自己**，他具有**自我意识**。可是在其他生物那里，**自然的**本能和力量是零散地和无意识地出现的，而在人那里，这些本能和力量是结合在一起的，是具有意识的……人的本性是整个自然界的影子，自然界在这面镜子中可以**认识自己**。因而，如果自然界在我身上认识自己，那末我就在自然界中认识自身，在自然界的生命中认识我自己的生命，我们就是这样赋予自然界注入我们身上的东西以生命表现的。”[101]

马克思哲学认为，鲁道夫·马特伊的开场白是幼稚的哲学神秘主义的典型，他从必须消灭生活和幸福之间的二重性这样一种思想出发，而求助于自然界，并断言自然界中不存在这种二重性，人同样是自然界的物体因而人也不应当有这种二重性。马克思和恩格斯认为他实际上是“把自然界神秘化之后，又把人的意识神秘化，把人的意识变成被他们神秘化了的自然界的‘镜子’”[102]。

马克思和恩格斯接下来从三个方面批判了鲁道夫·马特伊所谓的社会主义的三块建筑基石。

第一，马克思和恩格斯指出，鲁道夫·马特伊所谓的社会主义的第一块建筑基石表现为，他认同圣西门的观点，认为“我毕生所追求的就是如何保证所有的人的天资得到最自由的发展”，为此，他首先指出人只能在总合生命的范围内，并通过总合的生命才能发展起来，并把自然界叫作“一切生命的**基础**”[103]；其次，他把自觉的生命同不自觉的单个的生命相对立，把人类社会同自然界的普遍的生命相对立，指出：“按照自己的本性，只有在同其他人们的交往中并通过这种交往，我才能够达到自己生活的发展，才能达到对这生活的自觉的享受，才能够获得自己的幸福。”[104] 马克思和恩格斯认为，就这个建筑基石而言，他实际上把某些思想强加于自然界，想在人类社会中看到这些思想的实现。以前单个人被宣布为自然界的镜子，而现在则是整个社会被宣布为自然界的镜子，因此他满足于这种空洞的类比，却没有深入去考察社会历史的发展，把社会看成自然界的镜象，因此得出结论说，在迄今存在过的一切社会形态（也包括现代社会）中，这些生命的表现获得了充分的发展和对其合理性的承认。马克思和恩格斯指出，因为社会毕竟还是不符合自己的原型，不符合自然界，所以“真正的社会主义者”就“要求”社会依据自然界来安排自己，并用植物来举例，说什么植物没有向自然界提出生存条件，但自然界却有着它所赖以生长的气候和地理条件，因此认为自己有权把他的个人的“独自性”作为社会机构的基础。马克思和恩格斯指出，“上面所谈到的那种单个人对社会的要求是由形而上学的两面即**个别性**和**普遍性**的虚构的相互关系引申出来的，而不是由社会的现实发展所产生的。为此，只需要把个人宣布为**个别性**的代表、它的体现，而把社会宣布为**普遍性**的体现，整个戏法也就变成了”。[105]

第二，马克思和恩格斯分析了鲁道夫·马特伊所谓的社会主义的第二块建筑基石，即“宇宙的躯体就是所有的个体总合起来的无限的多样性”。马克思和恩格斯认为，这仍是关于单个的生命和总合的生命的谬论。作者就个别性和普遍性的拙劣观点，表现在他首先把这两个极端空洞的抽象概念当作两个绝对的原则摆出来，由此得出一个结论：现实中应当又有同一种关系再现。

马克思和恩格斯指出，在鲁道夫·马特伊所谓的社会主义的第二块建筑基石中，又出现了个人以及体现为社会的同个人对立的普遍物这种在第一块建筑基石中所出现的情况，但这一次却表现为个人本身分裂为特殊的本性和普遍的本性。因此，一切人所共有的关系在这里成了“人的本质”的产物、人的本性的产物，而实际上，这些关系像对于平等的意识一样是历史的产物。马克思和恩格斯指出，现在的社会是依靠“外界的强制”的，但“真正的社会主义者”所理解的“外界的强制”，也不是一定的个人的带限制性的物质生活条件，而只是国家的强制，即刺刀、警察、大炮，而这些东西绝对不是社会的基础，只不过是社会本身分裂的结果而已。特别是，和现在的、“以外界的强制为基础”的社会相反，“真正的社会主义者”标榜一种“以对内在人类本性的意识即理性为基础”的理想的真正社会。因而，这种社会是以意识的意识、思维的思维为基础的。显然这在表述方法上陷入了哲学家的抽象。而实际上，不管是人们的“内在本性”，或者是人们的对这种本性的“意识”，“即”他们的“理性”，向来都是历史的产物；甚至当人们的社会在他看来是以“外界的强制”为基础的时候，他们的“内在本性”也是与这种“外界的强制”相适应的。[106]

第三，马克思和恩格斯还分析了鲁道夫·马特伊所谓的社会主义的第三块建筑基石。针对鲁道夫·马特伊的如下观点：“人和自然界的斗争是以两极的对立、以我的特殊生命和自然界的普遍生命的相互作用为基础的。当这一斗争表现为自觉活动的时候，就叫作**劳动**。”[107]

马克思和恩格斯指出，这实际上是“先从事实得出一个抽象概念，然后宣称这个事实是以这个抽象概念为基础的”。“人和自然界的斗争被作者用这种方法神秘化了以后，人对自然界的自觉的活动也被他神秘化了，他把这种活动看成是这一现实斗争的纯粹抽象观念的**表现**”[108]。在结尾，劳动这个普通的字眼就被他偷用来作为这全部神秘化把戏的结果，而这个字眼一开始就在我们这位“真正的社会主义者”的舌头上打转，但是只是在他给以相当的论证以后才敢于把它说出口来。劳动在这里是从关于人和自然界的纯粹抽象的观念中构想出来的。

（三）对卡尔·格律恩的批判

马克思和恩格斯在该卷第四章中主要围绕“真正的社会主义者”卡尔·格律恩的著作《法兰西和比利时的社会运动。书信和研究》，对其思想进行了批判，因为卡尔·格律恩在该著作中把德国社会主义作为对法国社会主义的批判来加以颂扬，认为“在任何情况下，只有人道主义的世界观才可能开辟通向**人类**未来生活的道路”。[109] 因此他一方面追随费尔巴哈，认为“纯粹的、真正的人”似乎是世界历史的最终目的，宗教是异化了的人的本质，人的本质是人的本质和万物的尺度；另一方面赞同德国社会主义的其他真理，认为货币、雇佣劳动等等是人的本质的异化，认为德国社会主义是德国哲学的实现，是外国的社会主义与共产主义的理论真理。[110]

马克思和恩格斯认为，卡尔·格律恩的许多思想是对赫斯等人的抄袭和转述，甚至十分忠实地抄录了赫斯的明显的错误，例如赫斯认为理论体系构成实践运动的“社会背景”和“理论基础”，格律恩就写道：“18 世纪政治问题的社会背景同时也是两种哲学派别的产物——感觉论者和自然神论者的产物。”马克思和恩格斯认为格律恩这里所蕴涵的思想是：“只要把费尔巴哈和实践联系起来，把他的学说运用到社会生活中去，就可以对现存社会进行全面的批判了。”[111]

在该章中，马克思和恩格斯分别论述了卡尔·格律恩论述圣西门主义、傅立叶主义、卡贝、蒲鲁东等人的地方所存在的对罗·施泰因等人的抄袭现象，特别论述了格律恩思想中的错误观点。马克思和恩格斯指出格律恩在对圣西门主义的理解上，没有遵循年代的顺序，没有连贯地叙述事件的进程，而是把来自施泰因和雷博的所有的材料搅成一团，省略了最必要的东西，比如圣西门主义的最重要的组成部分，即对现存制度的批判，就在格律恩先生的笔下完全消失了。[112]

马克思和恩格斯指出格律恩在批判傅立叶主义的地方，大部分也是施泰因早已经较详细地叙述过的东西。在对傅立叶的批判中，格律恩首先采用了“真正的社会主义”的原理，然后又把这些原理加以夸张和歪曲，针对傅立叶所坚持的关于资本、天才和劳动之间的区分，格律恩完全不根据劳动和资本之间的现实关系来批判这种区分，因而没有触及问题的本质。马克思和恩格斯认为对于“真正的社会主义者”来说，重要的只是把关于人的本质的思想悄悄塞给每个人，并且把社会主义的各种阶段变为人的本质的各种哲学概念。这种非历史主义的抽象迫使格律恩先生宣布：内部的和外部的之间的任何差别归于消灭，从而使人的本质的继续存在受到威胁。[113]

马克思和恩格斯特别指出，格律恩不理解生产和消费之间的复杂的相互关系，而是陷入了“生产和消费一致性”的庸俗的理解。说什么“消费和生产从经济学上来说应当**彼此抵消**，不应当有超过直接消费需要的剩余产品，如有这样情况，显然一切运动都会停止”[114]。“当他生产的时候他也在消费，即消费原料和一切生产费用；一句话，不能无中生有，人需要**材料**。”[115] 这正好迎合了一切贵族、僧侣、食利者等等所自古以来就是这样证明说他们是生产的。其次，马克思和恩格斯指出，格律恩看不到生产的历史发展，不了解现在生产面包是用蒸汽磨，而从前是用风力磨和水力磨，更早的时候是用手推磨；生产面包的这些不同的方式完全不取决于他吃面包这一简单的行为。格律恩甚至也没有想到，随着这些不同的生产阶段产生的还有生产和消费之间的各种关系，以及二者之间的各种矛盾；他没有想到，如果不研究这些生产方式中的每一种方式和以此为基础的整个社会制度，就不可能了解这些矛盾，而这些矛盾只有通过这种生产方式和这种制度的实际改变，才能得到解决。[116] 马克思和恩格斯指出，为了利用需求和供给这两个概念来达到自己的目的，格律恩删去了其中必要的中间环节，从而把它们变为纯粹的幻想。可见，所有这一切的中心思想仅仅是要不学无术地和空想式地把现存制度神圣化。

针对格律恩指责傅立叶以生产过剩破坏生产和消费的一致性，马克思和恩格斯指出他忘记了，生产过剩只是由于它影响产品的交换价值才引起危机，然而不仅在傅立叶那里，就是在格律恩所建立的那个十全十美的世界中也看不见这种交换价值。马克思和恩格斯指出，在竞争的范围内，每个人的消费或多或少地是以一切人的不断消费为前提的，正如每个人的生产以一切人的生产为前提一样。问题只在于，这种情况是如何发生，怎样发生的。格律恩仅仅用关于人的消费、关于对“消费的真正本质”的认识的道德公设来回答这个问题。由于他对于生产和消费的真实关系一无所知，所以他只好躲到“真正的社会主义”的最后避难所——人的本质——中去。因此他必然不以生产为出发点，而以消费为出发点。如果从生产出发，那么就应当考虑生产的实际条件和人们的生产活动。如果从消费出发，那么可以满足于宣称现在人们不“像人一样地”消费，满足于关于“人的消费”、关于用真正消费的精神进行教育的公设以及诸如此类的空洞词句，而丝毫不去考虑人们的现实的生活关系和他们的活动。[117] 马克思和恩格斯实际上批评格律恩没有抓住法国社会主义者的本质之处（甚至在剽窃他们的时候也是如此），而是专注于一些“人的”消费的模糊不清的概念，以此反对研究真正的生产关系。[118]

马克思和恩格斯还以《“目光短浅的卡贝老头”和格律恩先生》为标题，从格律恩对卡贝的批评分析了格律恩思想的唯心主义实质。众所周知，卡贝是法国科学社会主义者，在他 1840 年发表的《伊加利亚旅行记》中，鼓吹“和平共产主义”，虽然引用了一些新旧权威人士所发表的有利于共产主义的言论，但他的目的决不在于描绘整个的历史运动。马克思和恩格斯认为他是“最有声望然而也是最肤浅的共产主义的代表人物”[119]。格律恩虽然也看到了卡贝的目光短浅，认为他的使命早已完成，但却赋予卡贝以新的使命，从“生产性的”读书开始，用一些任意摘录的引文为格律恩式的德国 18 世纪社会主义运动史制造一个法国的“背景”。马克思和恩格斯认为格律恩实际上是用抄袭卡贝的手段，用瞎扯历史的方法，唤起法国的劳动组织者对自己的本质的意识，并且按照分而治之的原则行动。

在该章的最后马克思和恩格斯还指出了，在谈到蒲鲁东的地方，格律恩只是逐字抄录了《神圣家族》中对蒲鲁东所提出的批评意见。马克思和恩格斯认为，蒲鲁东的系列辩证法，实际上是试图提供一种思维方法，这种方法将以思维的过程来代替各个单独的思想，实际上是从法国人的观点出发，寻求和黑格尔所提出的辩证法相似的方法。但格律恩并没有去批判蒲鲁东的辩证法，而是宣布蒲鲁东及其整个的系列辩证法只不过是假装学者，因而未能抓住蒲鲁东思想的本质。马克思和恩格斯后来提到格律恩时，称他为“德国哲学的一位教师，有一个超过我的优点，即他本人对德国哲学一无所知”[120]。

（四）对唯灵论的骗子——库尔曼博士的批判

应该说明的是，《德意志意识形态》第二卷第五章《“霍尔施坦的格奥尔格·库尔曼博士”或“真正的社会主义”的预言》是由魏德迈手抄的，在最后标有“莫·赫斯”的记号。大概这一章是赫斯起草的，魏德迈抄写的，马克思和恩格斯校订的。

在这一章中，作者认为替天行道的库尔曼博士根本不是一个真正的社会主义者，而是一个唯灵论的骗子，一个笃信宗教的骗子，一个神秘主义的滑头，“一个冒牌的弥赛亚式的共产主义的瑞士传教士”[121]。作者在该章中还明确指出了一切唯心主义者的特征：“一切唯心主义者，不论是哲学上的还是宗教上的，不论是旧的还是新的，都相信灵感、启示、救世主、奇迹创造者，至于这种信仰是采取粗野的、宗教的形式还是文明的哲学的形式，这仅仅取决于他们的教育程度。”[122] 作者指出实际上对唯心主义者来说，“**现实**不过是现实事件的**理论抽象**，不过是这些事件的观念象征，而**现实事件**只不过是‘旧世界走向灭亡的**象征**’”[123]。因而在唯心主义者看来，任何改造世界的运动只存在于某个上帝特选的人的头脑中，整个历史发展都归结为历史发展进程在“当代所有的哲学家和理论家”的“头脑”

中形成的理论抽象，既然不可能为了“议论和表决”而把这些“头脑”“集合在一起”，那么就必须有一个作为所有这些哲学家和神学家的头脑的顶峰、这些头脑的锋芒的神圣的头脑，这个顶峰的、锐利的头脑就是各个愚钝的头脑的思辨的统一，就是救世主。[124]

作者认为，库尔曼博士始终坚持“**观念的社会**是世界。而这些观念的统一**支配和统治着**世界”[125]，这是他毫不费力地克服了一切现实的障碍，把一切现实的物变成了观念，并宣布自己是它们的思辨的统一，因此他才有能力“统治和支配”它们的结果。

在《德意志意识形态》的最后，还附有恩格斯的著作《真正的社会主义者》，它作为《德意志意识形态》第二卷的直接继续。恩格斯在该著中主要批评了“真正的社会主义者”的如下三个支派：其一是威斯特伐利亚社会主义派，该派以海尔曼·克利盖、尤利乌斯·海尔米希、鲁道夫·雷姆佩尔、尤里乌斯·迈耶尔、约瑟夫·魏德迈、奥托·吕宁等为代表；其二是萨克森派，该派以泽米希、阿尔弗勒德·迈斯纳、卡尔·穆尔、摩里茨·哈特曼等为代表；其三是柏林派，以恩斯特·德朗克、德里希·扎斯为代表。该部分是对《德意志意识形态》第二卷《真正的社会主义》这一章的重新修改和增订，因为 1847 年初“真正的社会主义”在总流派范围内发展成了各种派别，根据形势的需要恩格斯才打算批判“真正的社会主义者”的各个派别。该部分约写于 1847 年 1 月至 4 月，从流传下来的该部分手稿来判断，这部著作属于未完成稿。[126] 关于这一部分的写作背景，恩格斯曾经写道：从写好上述对“真正的社会主义者”的评论到现在，已经过去好几个月了。在此期间，过去只是时而在这里时而在那里零星出现的“真正的社会主义”，已经蓬勃地发展起来。它在祖国的每一个角落都有自己的代表，甚至一跃而成为文坛上有一定影响的流派。而且现在它本身已分裂成许多支派，虽然各个支派被德国人的诚恳和科学精神的共同纽带，被共同的意向和共同的目的紧密地联系在一起，但彼此仍有显著的不同，因为各派具有各自独特的个性。因此，用格律恩先生风雅的语言来说，随着时间的推移，“真正的社会主义的”“一团混乱的光”变成了“井然有序的光”；这一团光凝聚成了星星和星座，在它们柔和的光辉里，德国市民可以无忧无虑地沉溺于他们那种正直获得小量财产的计划，沉溺于他们希望国民中各下层阶级的地位有所提高的幻想。[127] 恩格斯正是为了与上述“真正的社会主义”的各个最发达的支派真正分手，才对上述各个流派预先进行仔细观察。

五 《德意志意识形态》中的历史唯物主义方法

早在《〈黑格尔法哲学批判〉导言》中，马克思就认识到，无论是黑格尔把历史看作是绝对精神实现自身的过程，还是基督教将历史看作是人类堕落沉沦、上帝介入人世、最终拯救人类的“救赎的历史”，在马克思看来都是一种虚幻的“彼岸的真理”。所以，马克思曾说，当“彼岸的真理”被揭穿之后，关键在于“确立此岸的真理”。“**真理的彼岸世界**消逝以后，**历史的任务**就是确立**此岸世界的真理**。”[128] 马克思和恩格斯以历史唯物主义的方法来考察现实历史过程，建构了一种宏大的实践历史观。正是通过强调回到现实历史活动本身，并历史地分析这一社会历史活动过程，马克思哲学

人民出版社 1961 年出版的《德意志意识形态》封面

才得以探索出人类历史发展过程的真相和规律，指出历史是被实践着的物质生活的历史，而非纯粹精神的历史，历史发展具有某种必然性，而且这种必然性并非来自于远离人世的天国彼岸，而是内在于人类社会的实践活动之中，因而需要用一种历史生成的视野去分析人类的实践活动历程。

在《德意志意识形态》中，马克思和恩格斯明确指出，由于忽视了历史的现实基础，“历史的东西则被看成是某种脱离日常生活的东西，某种处于世界之外和超乎世界之上的东西”[129]，青年黑格尔派在历史观领域只能“在每个时代中寻找某种范畴，……从观念出发来解释实践”[130]；由于“历史生成视野”的缺失，“现实的生活生产被看成是某种非历史的东西”[131]，费尔巴哈人本主义哲学历史观把现实仅仅看成与历史过程没有任何联系的附带因素，导致了它对社会发展规律的经验化解读和人的解放问题上的价值悬设的抽象思维范式。因而上述两者在历史观领域都陷入了唯心主义哲学。就此马克思哲学指出：“德国哲学是从意识开始，因此，就不得不以道德哲学告终，于是各色英雄好汉都在道德哲学中为了真正的道德而各显神通。费尔巴哈为了人而爱人，圣布鲁诺爱人，因为人‘值得’爱，而圣桑乔爱‘每一个人’，他是用利己主义的意识去爱的，因为他高兴这样做。”[132]

实际上，包括青年黑格尔派和费尔巴哈在内的所有这些代表人物都不能，也不可能找到从抽象范畴的王国通向现实世界的道路。马克思和恩格斯从直接生活的物质生产出发阐述现实的生产过程，把同这种生产方式相联系的、它所产生的交往形式即各个不同阶段上的市民社会理解为整个历史的基础，从市民社会作为国家的活动描述市民社会，同时从市民社会出发阐明意识的各种不同理论的产物和形式，如宗教、哲学、道德等，而且追溯它们产生的过程。这种历史观“始终站在现实历史的**基础**上”[133]，从物质实践出发来解释观念形态，以历史生成的方法探索现实历史的真实进程及人类社会的发展规律，从而开启了哲学上的范式革命。马克思哲学基于现实实践基础和历史生成分析方法之内在统一的视野，是在如下三个方面的深刻阐述中得到充分展现的。

（一）唯物主义的方法：实践是人类社会发展的基础

马克思和恩格斯从现实的前提出发、从实际活动的个人出发，他们所谈到的人既不是抽象的人或生物学意义上的人，也“不是处在某种虚幻的离群索居和固定不变状态中的人”[134]，而是处在现实中的、可以通过经验观察到的、在一定条件下的发展过程中的人。与唯心主义者把历史理解为想象的主体的想象活动，以及抽象的经验论者把历史理解为一些僵死事实的汇集不同，马克思和恩格斯描绘了现实的人的能动的生活过程。

马克思和恩格斯认为，站在物质实践基础之上，历史地反思人类生存发展的基础和规律，我们不得不首先重视如下基本事实：“人们为了能够‘创造历史’，必须能够生活。但是为了生活，首先就需要吃喝住穿以及其他一些东西。因此第一个历史活动就是生产满足这些需要的资料，即生产物质生活本身。”[135] 而且，这种人们从几千年前直到今天单是为了维持生活就必须每日每时从事的生产物质生活本身的历史活动，是一切历史的基本条件。这既是人类生存的第一个前提，也是一切历史的第一个前提。任何历史观的第一件事情就是必须注意上述基本事实的全部意义和全部范围，并给予应有的重视，否则，忽视历史的这一世俗基础，对历史规律就不能做出科学的探寻，德国人“从未拥有过一个历史学家”[136] 就是最有力的证明；第二种活动是，得到了满足的第一个需要本身、满足需要的活动和已经获得的为满足需要而用的工具又引起新的需要，这也是社会发展的动力之一；第三种活动就是每日都在重新生产自己生命的人们开始生产另外一些人，即繁殖。这就是夫妻之间的关系，父母和子女之间的关系，也就是家庭。这个家庭起初是唯一的社会关系，后来，当需要的增长产生了新的社会关系而人口的增多又产生了新的需要的时候，这种家庭便成为从属的关系了（德国除外）。马克思和恩格斯认为，上述三种活动从历史的最初时期起，从第一批人出现以来，直到现在还在历史上起着作用。正因为如此，生命的生产，无论是通过劳动而达到的自己的生命的生产，或是通过生育而达到的他人生命的生产，每次都表现为双重关系：一方面是自然关系，另一方面是社会关系。[137] 马克思和恩格斯特别强调："一定的生产方式或一定的工业阶段始终是与一定的共同活动方式或一定的社会阶段联系着的，而这种共同活动方式本身就是'生产力'；……人们所达到的生产力的总和决定着社会状况，因而，始终必须把'人类的历史'同工业和交换的历史联系起来研究和探讨。"[138] 所以，人们之间一开始就有一种物质的联系。这种联系是由需要和生产方式决定的，它和人本身有同样长久的历史，"历史"就是这种联系不断采取新的形式而表现出来的。

在此基础上，马克思和恩格斯明确指出："不是意识决定生活，而是生活决定意识。"他们认为人的意识一开始就是社会的产物、历史的产物，而且只要人们存在着，它就仍然是这种产物。意识起初只是一种对直接的可感知的环境的意识，是一种对处于开始意识到自身的个人之外的其他人和其他物的狭隘联系的一种意识。在人类形成的早期，自然界是作为一种完全异己的、有无限威力的和不可制服的力量与人们对立的，人们同自然界的关系完全像动物同自然界的关系一样，人们就像牲畜一样慑服于自然界，他们的意识也仅仅是对自然界的一种纯粹动物式的意识。由于人们生活在社会之中，人与人之间的交往不断加强，同时由于生产效率的提高、需要的增长以及作为二者基础的人口的增多，这种纯粹的动物意识才得以随着分工的出现进一步发展和提高。分工只是从物质劳动和精神劳动分离的时候起才真正成为分工，这时意识才能现实地想象：它是和现存实践的意识不同的某种东西；它不用想象某种现实的东西就能现实地想象某种东西。[139] 所以即使意识的出现也是一个基于人类生产活动的历史的发展过程。

以抽象的人还是现实的个人作为自己哲学研究的出发点，这是区分马克思哲学与青年黑格尔精神哲学的重要标志。由于彰显了哲学的实践本性，把实践作为人类社会发展的基础，马克思和恩格斯才得出了如下正确的结论：

“由此可见，事情是这样的：以一定的方式进行生产活动的一定的个人，发生一定的社会关系和政治关系。经验的观察在任何情况下都应当根据经验来揭示社会结构和政治结构同生产的联系，而不应当带有任何神秘和思辨的色彩。社会结构和国家总是从一定的个人的生活过程中产生的。但是，这里所说的个人不是他们自己或别人想象中的那种个人，而是**现实中的**个人，也就是说，这些个人是从事活动的，进行物质生产的，因而是在一定的物质的、不受他们任意支配的界限、前提和条件下活动着的。”[140]

由于把现实中的个人的自由与解放，而不是抽象的个人的自由与解放作为自身哲学探求的主旨，使得马克思和恩格斯能够从现实生活中去发现社会发展存在的矛盾及其根源，进而为人的自由与解放的实现找到科学的路径，而不是像传统西方哲学特别是青年黑格尔派那样，由于秉承了“意识决定生活”的唯心主义理念，进而只能从意识、精神的发展中去寻求人的解放之路。

（二）历史生成的方法：社会分工与所有制的演变过程

马克思和恩格斯认为：“一个民族的生产力发展的水平，最明显地表现于该民族分工的发展程度。”[141] “与这种分工同时出现的还有**分配**，而且是劳动及其产品的**不平等**的分配（无论在数量上或质量上）；因而产生了所有制。”[142] 也就是说，所有制的演变作为一个历史过程，首先是由分工引起的。因为分工使精神活动和物质活动、享受和劳动、生产和消费由不同的个人来分担，这必然导致生产力、社会状况和意识之间发生一定的矛盾，这一矛盾以家庭中自然形成的分工和以社会分裂为单个的、互相对立的家庭为基础。马克思和恩格斯认为，实际上，“分工和私有制是相等的表达方式，……一个是就活动而言，另一个是就活动的产品而言”[143]。

在明确了所有制产生的动力之后，马克思和恩格斯从历史发展的视角考察了所有制的演变过程，认为一个民族内部的分工，首先引起工业劳动和商业劳动与农业劳动的分离，从而引起城市和乡村的分离，以及两者利益的对立。分工的进一步发展才导致商业劳动和工业劳动的分离。同时，由于各个部门内部的分工，各种各样的分工在共同从事某种劳动的个人之间也变得越来越细致。农业劳动、工业劳动和商业劳动的经营方式决定了这种细致分工的相互关系。分工的各个不同发展阶段，同时也就是所有制的各种不同形式。这就是说，分工的每一个阶段还决定个人在劳动材料、劳动工具和劳动产品有关的相互关系。马克思和恩格斯通过分析指出，第一种所有制形式是部落所有制。由于人们靠狩猎、捕鱼、畜牧，或者最多靠耕作生活，在这一分工不发达的生产阶段，分工仅限于家庭中现有的自然形成的分工的进一步扩大。第二种所有制形式是古典古代的公社所有制和国家所有制。这种所有制首先是由于几个部落通过契约或征服联合为一个城市而产生的。此时除公社所有制以外，动产私有制以及后来的不动产私有制作为一种反常的、从属于公社所有制的形式也已经发展起来。但随着私有制，尤其是不动产私有制的发展，城乡之间的对立已经产生，后来，一些代表城市利益的国家同另一些代表乡村利益的国家之间的对立开始出现。第三种所有制形式是封建的或等级的所有制。这种所有制像部落所有制和公社所有制一样，也是以一种共同体为基础的。但此时作为直接进行生产的阶级而与这种共同体对立的，已经不是与古代共同体相对立的奴隶，而是小农奴。随着封建制度的充分发展，也产生了与城市对立的现象。土地占有的等级结构以及与此相联系的武装扈从制度使贵族掌握了支配农奴的权力。在城市中与这种土地占有的封建结构相适应的是同业公会所有制，即手工业的封建组织。财产在这里主要在于个人的劳动。随着行会的产生，个别手工业者逐渐积蓄起少量资本。这样，封建时代所有制的主要形式，一方面是土地所有制和束缚于土地所有制的农奴劳动，另一方面是拥有少量资本并支配着帮工劳动的自身劳动。[144]

正是通过历史生成的方法，马克思和恩格斯才揭示了分工导致城市和乡村的分离，然后导致工业从商业中分离的发展机制，指出正是在分工阶段的各个不同发展阶段上，相应地才出现了部落所有制、公社所有制和国家所有制、封建的或等级的所有制等所有制的不同形式，他们也才揭示出，社会上存在的财产的不平等、剥削现象、阶级间的斗争等等，这并不是从来就如此的，而是通过分工导致自由财产的出现之后，经历了一个漫长的历史发展过程才出现的。

在马克思和恩格斯看来，只要人们还处在自然形成的社会中，只要特殊利益和公共利益之间还有分裂，只要分工还不是出于自愿，而是自然形成的，那么人本身的活动对人来说就成为一种异己的、同他对立的力量，这种力量压迫着人，而不是人驾驭着这种力量。当分工一出现之后，任何人都有自己一定的特殊的活动范围，这个范围是强加于他的，为了获得生活资料，他不能超出这个范围，社会活动的这种固定化，我们本身的产物聚合为一种统治我们、不受我们控制、使我们的愿望不能实现并使我们的打算落空的物质力量[145]，这是迄今为止历史发展中的主要因素之一。他们指出只有在社会调节着整个生产、分工成为自愿行为的未来共产主义社会里，特殊活动范围对人的限制才能得以被最终消除。

（三）人的解放是一种“现实的历史活动”

通过历史生成思路的彰显，马克思和恩格斯批判了那种将共产主义仅仅作为一种价值悬设（现实应该与之符合）的抽象理想，指出：“共产主义对我们来说不是应当确立的**状况**，不是现实应当与之相适应的**理想**。我们所称为共产主义的是那种消灭现存状况的**现实的**运动。这个运动的条件是由现有的前提产生的。”[146]可见，马克思和恩格斯所关注的并非仅仅是应有目标的内容澄清，而是在对社会规律的解剖中走向了一种具体的现实历史思路，他们力图阐明“在现实的世界中并使用现实的手段才能实现真正的解放”[147]，进而通过揭示现实社会存在的内在矛盾，来找到达及人类解放的科学路径。

针对德国式的历史编纂学家无视现实的利益和政治的利益，仅仅热衷于纯粹的思辨，马克思和恩格斯指出，其实全部问题只在于从现存的现实关系出发来说明这些理论词句。要真正地、实际地消灭这些词句，从人们的意识中消除这些观念，就要靠改变了的环境而不是靠理论上的演绎来实现。因此“‘解放’是一种历史活动，不是思想活动，‘解放’是由历史的关系，是由工业状况、商业状况、农业状况、交往状况促成的[……]”。因而他们认为，分工导致所有制的产生，而随着生产力的进一步扩大，所有制形式将发生很大的变化，正是有了蒸汽机和精纺机，奴隶制才退出历史舞台；正是由于农业的不断改良，农奴制才得以被消灭；当人们还不能使自己吃喝住穿在质和量的方面得到充分保证的时候，人们就根本不能获得解放。因而必须从历史的关系，即工业、商业、农业、交往的状况来看社会的发展和人的解放问题，只有在现实的世界中并使用现实的手段才能实现真正的解放。[148] 同样，他们指出，意识的一切形式和产物不是可以通过精神的批判来消灭的，“不是可以通过把它们消融在‘自我意识’中或化为‘怪影’、‘幽灵’、‘怪想’等等来消灭的”[149]，而只有通过实际地推翻这一唯心主义谬论所由产生的现实的社会关系，才能把它们消灭。“历史的动力是……革命，而不是批判”。[150]

特别是针对施蒂纳试图离开历史的视野去消除人类的不平等，马克思和恩格斯指出：“从前桑乔用教书匠的那些固定观念来解释个人的一切缺陷，以及个人关系的缺陷，而对于这些观念如何产生却漠不关心，而现在他却纯粹用肉体的产生过程来解释这种缺陷了。他完全没有考虑到：孩子的发展能力取决于父母的发展，存在于现存社会关系中的一切缺陷是历史地产生的，同样也要通过历史的发展才能消除。甚至连那些桑乔根本没有谈到的天然产生的类的差别，如种族差别等等，也都能够而且必须通过历史的发展加以消除。”[151]

循此思路，马克思和恩格斯着重指出，历史上周期性地重演的革命动荡如果还没有强大到足以摧毁现存一切的基础，如果现实中还没有具备这些实行全面变革的物质因素，即还没有现有的生产力，以及还没有形成不仅反抗旧社会的个别条件，而且反抗旧的“生活生产”本身、反抗旧社会所依据的“总和活动”的革命群众，那么，正如共产主义的历史所证明的，尽管这种变革的观念已经表述过千百次，但这一点对于实际发展没有任何意义。这一思想直接导致了马克思在《〈政治经济学批判〉序言》中的如下经典表述：“无论哪一个社会形态，在它所能容纳的全部生产力发挥出来以前，是决不会灭亡的；而新的更高的生产关系，在它的物质存在条件在旧社会的胎胞里成熟以前，是决不会出现的。”[152]

总而言之，马克思和恩格斯的历史唯物主义历史观就在于：“从直接生活的物质生产出发阐述现实的生产过程，把同这种生产方式相联系的、它所产生的交往形式即各个不同阶段上的市民社会理解为整个历史的基础，从市民社会作为国家的活动描述市民社会，同时从市民社会出发阐明意识的所有各种不同的理论产物和形式，如宗教、哲学、道德等等，而且追溯它们产生的过程。”[153] 这种历史观显然不同于历史上的一切唯心史观，因而作为分析社会发展规律的科学方法论，它始终凸显着思想和智慧的力量。

（四）对共产主义及其前景的展望

在《德意志意识形态》中，马克思和恩格斯正确指出分工导致社会发展的不同阶段，资本主义社会就是在中世纪分工的基础上不断演化、产生的，分工将对国家发展形式产生重要的影响，在此基础上他们对共产主义进行了描述和论证，指出："共产主义对我们来说不是应当确立的**状况**，不是现实应当与之相适应的**理想**。我们所称为共产主义的是那种消灭现存状况的**现实的**运动。这个运动的条件是由现有的前提产生的。”[154] 马克思和恩格斯认为，作为现实的运动的共产主义运动与以往的一切运动不同，因为“它推翻一切旧的生产关系和交往关系的基础，并且第一次自觉地把一切自发形成的前提看做是前人的创造，消除这些前提的自发性，使这些前提受联合起来的个人的支配。因此，建立共产主义实质上具有经济的性质，这就是为这种联合创造各种物质条件，把现存的条件变成联合的条件。共产主义所造成的存在状况，正是这样一种现实基础，它使一切不依赖于个人而存在的状况不可能发生，因为这种存在状况只不过是各个人之间迄今为止的交往的产物”[155]。

马克思和恩格斯认为，消除劳动分工对人的限制，这是建立共产主义的关键因素。因为当分工一出现之后，每个人就有了自己一定的特殊的活动范围，这个范围是强加于他的，他不能超出这个范围：他是一个猎人、渔夫或牧人，或者是一个批判的批判者，只要他不想失去生活资料，他就始终应该是这样的人。而在共产主义社会里，随着分工的消除，任何人都没有特殊的活动范围，而是都可以在任何部门内发展，社会调节着整个生产，因而使我有可能随自己的兴趣今天干这事，明天干那事，上午打猎，下午捕鱼，傍晚从事畜牧，晚饭后从事批判，这样就不会使我老是一个猎人、渔夫、牧人或批判者。[156]

特别是针对施蒂纳把空想社会主义者为了反对资本主义制度下的生产无政府状态而成立的劳动组织同共产主义混为一谈，进而指责劳动组织是共产主义社会的独裁主义[157]，说什么分工的真正消除意味着每个人都将不得不做所有事情。马克思和恩格斯认为，其实正是劳动组织者把应当组织起来的直接生产劳动和间接生产劳动区别开来了，并回应：他们并不认为“每个人应当完成拉斐尔的作品，他们只是认为，每一个有拉斐尔的才能的人都应当有不受阻碍地发展的可能”[158]。接着马克思和恩格斯指出：“由于分工，艺术天才完全集中在个别人身上，因而广大群众的艺术天才受到压抑。即使在一定的社会关系里每一个人都能成为出色的画家，但是这决不排斥每一个人也成为独创的画家的可能性，因此，‘人的’和‘**唯一者**的’劳动的区别在这里也毫无意义了。在共产主义的社会组织中，完全由分工造成的艺术家屈从于地方局限性和民族局限性的现象无论如何会消失掉，个人局限于某一艺术领域，仅仅当一个画家、雕刻家等等，因而只用他的活动的一种称呼就足以表明他的职业发展的局限性和他对分工的依赖这一现象，也会消失掉。在共产主义社会里，没有单独的画家，只有把绘画作为自己多种活动中的一项活动的人们。”[159]

为了能够早日实现共产主义社会，达到自由劳动，马克思和恩格斯对无产者提出了如下希望：“而无产者，为了实现自己的个性，就应当消灭他们迄今面临的生存条件，消灭这个同时也是整个迄今为止的社会的生存条件，即消灭劳动。因此，他们也就同社会的各个人迄今借以表现为一个整体的那种形式即同国家处于直接的对立中，他们应当推翻国家，使自己的个性得以实现。”[160]

【本章注释】

[1]《马克思恩格斯全集》第 3 卷，人民出版社 1960 年版，注释，第 88 页。

[2]《马克思恩格斯全集》第 3 卷，人民出版社 1960 年版，第 261 页。

[3]《马克思恩格斯文集》第 1 卷，人民出版社 2009 年版，第 510 页。

[4]《马克思恩格斯文集》第 2 卷，人民出版社 2009 年版，第 602 页。

[5]《马克思恩格斯文集》第 9 卷，人民出版社 2009 年版，第 26 页。

[6]《马克思恩格斯文集》第 1 卷，人民出版社 2009 年版，第 510 页。

[7]《马克思恩格斯文集》第 2 卷，人民出版社 2009 年版，第 602 页。

[8]《马克思恩格斯全集》第 3 卷，人民出版社 2002 年版，第 520 页。

[9] [德] 黑格尔：《美学》第 1 卷，朱光潜译，商务印书馆 1979 年第 2 版，第 127 页。

[10] 孙伯鍨：《探索者道路的探索》，南京大学出版社 2002 年版，第 23 页。

[11]《马克思恩格斯文集》第 1 卷，人民出版社 2009 年版，第 511 页。

[12]《马克思恩格斯文集》第 1 卷，人民出版社 2009 年版，第 531 页。

[13]《马克思恩格斯文集》第 1 卷，人民出版社 2009 年版，第 516 页。

[14]《马克思恩格斯文集》第 1 卷，人民出版社 2009 年版，第 514 页。

[15]《马克思恩格斯文集》第 1 卷，人民出版社 2009 年版，第 514 页。

[16]《马克思恩格斯文集》第 1 卷，人民出版社 2009 年版，第 515 页。

[17]《马克思恩格斯文集》第 1 卷，人民出版社 2009 年版，第 515 页。

[18]《马克思恩格斯文集》第 1 卷，人民出版社 2009 年版，第 510 页。

[19]《马克思恩格斯文集》第 1 卷，人民出版社 2009 年版，第 546 页。

[20]《马克思恩格斯文集》第 1 卷，人民出版社 2009 年版，第 585 页。

[21]《马克思恩格斯文集》第 1 卷，人民出版社 2009 年版，第 516 页。

[22]《马克思恩格斯文集》第 1 卷，人民出版社 2009 年版，第 516 页。

[23]《马克思恩格斯文集》第 1 卷，人民出版社 2009 年版，第 514 页。

[24]《马克思恩格斯文集》第 1 卷，人民出版社 2009 年版，第 514 页。

[25]《马克思恩格斯文集》第 1 卷，人民出版社 2009 年版，第 514 页。

[26]《马克思恩格斯文集》第 1 卷，人民出版社 2009 年版，第 545 页。

[27]［日］广松涉编注：《文献学语境中的（德意志意识形态）》，彭曦译，南京大学出版社 2005 年版，第 160 页。

[28] 张士英：《自我实现的历程——解读黑格尔〈精神现象学〉》，山东人民出版社 2001 年版，第 256 页。

[29]［德］黑格尔：《逻辑学》，梁志学译，人民出版社 2002 年版，第 29 页。

[30] 孙伯鍨：《探索者道路的探索》，南京大学出版社 2002 年版，第 40 页。

[31]［德］路德维希·费尔巴哈：《费尔巴哈哲学著作选集》上卷，荣震华等译，商务印书馆 1984 年版，第 60 页。

[32]［德］路德维希·费尔巴哈：《费尔巴哈哲学著作选集》上卷，荣震华等译，商务印书馆 1984 年版，第 68 页。

[33]［德］路德维希·费尔巴哈：《费尔巴哈哲学著作选集》上卷，荣震华等译，商务印书馆 1984 年版，第 84 页。

[34]《马克思恩格斯全集》第 3 卷，人民出版社 2002 年版，第 314 页。

[35]《马克思恩格斯文集》第 4 卷，人民出版社 2009 年版，第 275 页。

[36]［日］广松涉编注：《文献学语境中的〈德意志意识形态〉》，彭曦译，南京大学出版社 2005 年版，第 9 页。

[37]［德］路德维希·费尔巴哈：《费尔巴哈哲学著作选集》上卷，荣震华等译，商务印书馆 1984 年版，第 4 页。

[38]［德］路德维希·费尔巴哈：《费尔巴哈哲学著作选集》下卷，荣震华等译，商务印书馆 1984 年版，第 507 页。

[39]［苏］B.A. 马利宁、B.H. 申卡鲁克：《黑格尔左派批判分析》，曾盛林译，社会科学文献出版社 1987 年版，第 118 页。

[40]《马克思恩格斯文集》第 1 卷，人民出版社 2009 年版，第 499 页。

[41]《马克思恩格斯文集》第 1 卷，人民出版社 2009 年版，第 528 页。

[42] 孙正聿：《马克思辩证法理论的当代反思》，人民出版社 2002 年版，第 140 页。

[43] [法] 科尔纽：《马克思的思想起源》，王瑾译，中国人民大学出版社 1987 年版，第 57 页。

[44]《马克思恩格斯文集》第 1 卷，人民出版社 2009 年版，第 528 页。

[45]《马克思恩格斯文集》第 1 卷，人民出版社 2009 年版，第 529 页。

[46]《马克思恩格斯文集》第 1 卷，人民出版社 2009 年版，第 529 页。

[47] [德] 路德维希·费尔巴哈：《费尔巴哈哲学著作选集》下卷，荣震华等译，商务印书馆 1984 年版，第 426 页。

[48] [德] 路德维希·费尔巴哈：《费尔巴哈哲学著作选集》上卷，荣震华等译，商务印书馆 1984 年版，第 21 页。

[49] [德] 路德维希·费尔巴哈：《费尔巴哈哲学著作选集》上卷，荣震华等译，商务印书馆 1984 年版，第 16 页。

[50] [德] 路德维希·费尔巴哈：《费尔巴哈哲学著作选集》上卷，荣震华等译，商务印书馆 1984 年版，第 19 页。

[51]《马克思恩格斯文集》第 1 卷，人民出版社 2009 年版，第 525 页。

[52]《马克思恩格斯文集》第 1 卷，人民出版社 2009 年版，第 530 页。

[53] [日] 广松涉编注：《文献学语境中的〈德意志意识形态〉》，彭曦译，南京大学出版社 2005 年版，第 162 页。

[54]《马克思恩格斯文集》第 1 卷，人民出版社 2009 年版，第 528 页。

[55] [日] 广松涉编注：《文献学语境中的〈德意志意识形态〉》，彭曦译，南京大学出版社 2005 年版，第 162 页。

[56]《马克思恩格斯文集》第 1 卷，人民出版社 2009 年版，第 525 页。

[57] [德] 路德维希·费尔巴哈：《费尔巴哈哲学著作选集》下卷，荣震华等译，商务印书馆 1984 年版，第 222 页。

[58] [德] 路德维希·费尔巴哈：《费尔巴哈哲学著作选集》下卷，荣震华等译，商务印书馆 1984 年版，第 15 页。

[59]《马克思恩格斯文集》第 1 卷，人民出版社 2009 年版，第 530 页。

[60]《马克思恩格斯文集》第 1 卷，人民出版社 2009 年版，第 530 页。

[61]《马克思恩格斯全集》第 3 卷，人民出版社 1960 年版，第 93 页。

[62]《马克思恩格斯全集》第 3 卷，人民出版社 1960 年版，第 101 页。

[63]《马克思恩格斯全集》第 3 卷，人民出版社 1960 年版，第 117 页，译者注。

[64]《马克思恩格斯全集》第 3 卷，人民出版社 1960 年版，第 118 页。

[65]《马克思恩格斯全集》第 3 卷，人民出版社 1960 年版，第 118 页—第 119 页。

[66]《马克思恩格斯全集》第 3 卷，人民出版社 1960 年版，第 127 页—第 128 页。

[67]《马克思恩格斯全集》第 3 卷，人民出版社 1960 年版，第 132 页—第 133 页。

[68]《马克思恩格斯全集》第 3 卷，人民出版社 1960 年版，第 132 页。

[69]《马克思恩格斯全集》第 3 卷，人民出版社 1960 年版，第 131 页—第 132 页。

[70]《马克思恩格斯全集》第 3 卷，人民出版社 1960 年版，第 162 页。

[71]《马克思恩格斯全集》第 3 卷，人民出版社 1960 年版，第 170 页。

[72]《马克思恩格斯全集》第 3 卷，人民出版社 1960 年版，第 258 页。

[73]《马克思恩格斯全集》第 3 卷，人民出版社 1960 年版，第 440 页。

[74]《马克思恩格斯全集》第 3 卷，人民出版社 1960 年版，第 263 页。

[75]《马克思恩格斯全集》第 3 卷，人民出版社 1960 年版，第 335 页。

[76]《马克思恩格斯全集》第 3 卷，人民出版社 1960 年版，第 492 页—第 493 页。

[77]《马克思恩格斯全集》第 3 卷，人民出版社 1960 年版，第 395 页。

[78]《马克思恩格斯全集》第 3 卷，人民出版社 1960 年版，第 421 页。

[79]《马克思恩格斯全集》第 3 卷，人民出版社 1960 年版，第 506 页。

[80]《马克思恩格斯全集》第 3 卷，人民出版社 1960 年版，第 516 页。

[81]《马克思恩格斯全集》第 3 卷，人民出版社 1960 年版，第 88 页—第 89 页。

[82]《马克思恩格斯全集》第 3 卷，人民出版社 1960 年版，第 201 页。

[83]《马克思恩格斯全集》第 3 卷，人民出版社 1960 年版，第 181 页。

[84]《马克思恩格斯全集》第 3 卷，人民出版社 1960 年版，第 199

页—第 200 页。

[85]《马克思恩格斯全集》第 3 卷，人民出版社 1960 年版，第 93 页。

[86]《马克思恩格斯全集》第 3 卷，人民出版社 1960 年版，第 93 页。

[87]《马克思恩格斯全集》第 3 卷，人民出版社 1960 年版，第 335 页。

[88]《马克思恩格斯全集》第 3 卷，人民出版社 1960 年版，第 436 页。

[89]［英］戴维·麦克莱伦：《卡尔·马克思传》（第 3 版），王珍译，中国人民大学出版社 2005 年版，第 141 页。

[90]《马克思恩格斯全集》第 3 卷，人民出版社 1960 年版，第 535 页。

[91]《马克思恩格斯全集》第 3 卷，人民出版社 1960 年版，第 536 页—第 537 页。

[92]《马克思恩格斯全集》第 3 卷，人民出版社 1960 年版，第 540 页。

[93]《马克思恩格斯全集》第 3 卷，人民出版社 1960 年版，第 550 页。

[94]《马克思恩格斯全集》第 3 卷，人民出版社 1960 年版，第 540 页。

[95]《马克思恩格斯全集》第 3 卷，人民出版社 1960 年版，第 544 页—第 545 页。

[96]《马克思恩格斯全集》第 3 卷，人民出版社 1960 年版，第 546 页。

[97]《马克思恩格斯全集》第 3 卷，人民出版社 1960 年版，第 547 页—第 548 页。

[98]《马克思恩格斯全集》第 3 卷，人民出版社 1960 年版，第 554 页。

[99]《马克思恩格斯全集》第 3 卷，人民出版社 1960 年版，第 551 页。

[100]《马克思恩格斯全集》第 3 卷，人民出版社 1960 年版，第 557 页。

[101]《马克思恩格斯全集》第 3 卷，人民出版社 1960 年版，第 558 页。

[102]《马克思恩格斯全集》第 3 卷，人民出版社 1960 年版，第 558 页。

[103]《马克思恩格斯全集》第 3 卷，人民出版社 1960 年版，第 560 页。

[104]《马克思恩格斯全集》第 3 卷，人民出版社 1960 年版，第 561 页。

[105]《马克思恩格斯全集》第 3 卷，人民出版社 1960 年版，第 563 页。

[106]《马克思恩格斯全集》第 3 卷，人民出版社 1960 年版，第 567 页—第 568 页。

[107]《马克思恩格斯全集》第 3 卷，人民出版社 1960 年版，第 569 页。

[108]《马克思恩格斯全集》第 3 卷，人民出版社 1960 年版，第 569 页。

[109]《马克思恩格斯全集》第 3 卷，人民出版社 1960 年版，第 578 页。

[110]《马克思恩格斯全集》第 3 卷，人民出版社 1960 年版，第 576 页。

[111]《马克思恩格斯全集》第 3 卷，人民出版社 1960 年版，第 580 页。

[112]《马克思恩格斯全集》第 3 卷，人民出版社 1960 年版，第 597 页。

[113]《马克思恩格斯全集》第 3 卷，人民出版社 1960 年版，第 605 页—第 606 页。

[114]《马克思恩格斯全集》第 3 卷，人民出版社 1960 年版，第 613 页。

[115]《马克思恩格斯全集》第 3 卷，人民出版社 1960 年版，第 611 页。

[116]《马克思恩格斯全集》第 3 卷，人民出版社 1960 年版，第 612 页。

[117]《马克思恩格斯全集》第 3 卷，人民出版社 1960 年版，第 614 页。

[118] [英] 戴维·麦克莱伦：《卡尔·马克思传》（第 3 版），王珍译，中国人民大学出版社 2005 年版，第 141 页。

[119]《马克思恩格斯全集》第 2 卷，人民出版社 1957 年版，第 167 页。

[120] [英] 戴维·麦克莱伦：《卡尔·马克思传》（第 3 版），王珍译，中国人民大学出版社 2005 年版，第 141 页。

[121] [英] 戴维·麦克莱伦：《卡尔·马克思传》（第 3 版），王珍译，中国人民大学出版社 2005 年版，第 141 页。

[122]《马克思恩格斯全集》第 3 卷，人民出版社 1960 年版，第 630 页。

[123]《马克思恩格斯全集》第 3 卷，人民出版社 1960 年版，第 639 页。

[124]《马克思恩格斯全集》第 3 卷，人民出版社 1960 年版，第 630 页—第 631 页。

[125]《马克思恩格斯全集》第 3 卷，人民出版社 1960 年版，第 632 页。

[126]《马克思恩格斯全集》第 3 卷，人民出版社 1960 年版，注释，第 716 页。

[127]《马克思恩格斯全集》第 3 卷，人民出版社 1960 年版，第 641 页。

[128]《马克思恩格斯全集》第 3 卷，人民出版社 2002 年版，第 200 页。

[129]《马克思恩格斯文集》第 1 卷，人民出版社 2009 年版，第 545 页。

[130]《马克思恩格斯文集》第 1 卷，人民出版社 2009 年版，第 544 页。

[131]《马克思恩格斯文集》第 1 卷，人民出版社 2009 年版，第 545 页。

[132]《马克思恩格斯全集》第 3 卷，人民出版社 1960 年版，第 424 页。

[133]《马克思恩格斯文集》第1卷，人民出版社2009年版，第544页。

[134]《马克思恩格斯文集》第1卷，人民出版社2009年版，第525页。

[135]《马克思恩格斯文集》第1卷，人民出版社2009年版，第531页。

[136]《马克思恩格斯文集》第1卷，人民出版社2009年版，第531页。

[137]《马克思恩格斯文集》第1卷，人民出版社2009年版，第531页—第532页。

[138]《马克思恩格斯文集》第1卷，人民出版社2009年版，第532页—第533页。

[139]《马克思恩格斯文集》第1卷，人民出版社2009年版，第533页—第534页。

[140]《马克思恩格斯文集》第1卷，人民出版社2009年版，第523页—第524页。

[141]《马克思恩格斯文集》第1卷，人民出版社2009年版，第520页。

[142]《马克思恩格斯文集》第1卷，人民出版社2009年版，第536页。

[143]《马克思恩格斯文集》第1卷，人民出版社2009年版，第536页。

[144]《马克思恩格斯文集》第1卷，人民出版社2009年版，第520页—第523页。

[145]《马克思恩格斯文集》第1卷，人民出版社2009年版，第537页。

[146]《马克思恩格斯文集》第1卷，人民出版社2009年版，第539页。

[147]《马克思恩格斯文集》第1卷，人民出版社2009年版，第527页。

[148]《马克思恩格斯文集》第1卷，人民出版社2009年版，第527页。

[149]《马克思恩格斯文集》第1卷，人民出版社2009年版，第544页。

[150]《马克思恩格斯文集》第1卷，人民出版社2009年版，第544页。

[151]《马克思恩格斯全集》第3卷，人民出版社1960年版，第498页。

[152]《马克思恩格斯文集》第2卷，人民出版社2009年版，第592页。

[153]《马克思恩格斯文集》第1卷，人民出版社2009年版，第544页。

[154]《马克思恩格斯文集》第1卷，人民出版社2009年版，第539页。

[155]《马克思恩格斯文集》第1卷，人民出版社2009年版，第574页。

[156]《马克思恩格斯文集》第1卷，人民出版社2009年版，第537页。

[157]［英］戴维·麦克莱伦：《卡尔·马克思传》（第3版），王珍译，

中国人民大学出版社 2005 年版，第 140 页。

[158]《马克思恩格斯全集》第 3 卷，人民出版社 1960 年版，第 458 页—第 459 页。

[159]《马克思恩格斯全集》第 3 卷，人民出版社 1960 年版，第 460 页。

[160]《马克思恩格斯文集》第 1 卷，人民出版社 2009 年版，第 573 页。

第三章 《德意志意识形态》的影响和意义

作为马克思主义哲学形成过程中的重要文本，《德意志意识形态》在马克思主义的形成和发展史上有着极其重要的地位，始终被誉为历史唯物主义的奠基之作。因此在对《德意志意识形态》这部经典著作的历史地位和影响进行阐述之前，非常有必要对马克思哲学的发展、成熟的全部过程及其基本精神进行一个基本的考察，因为只有在对马克思哲学形成和发展史及其基本精神有一个准确了解的基础上，我们才能更好地把握《德意志意识形态》的思想地位、历史影响及其现实意义。

一 从对马克思哲学本真精神的完整把握看《德意志意识形态》的历史地位

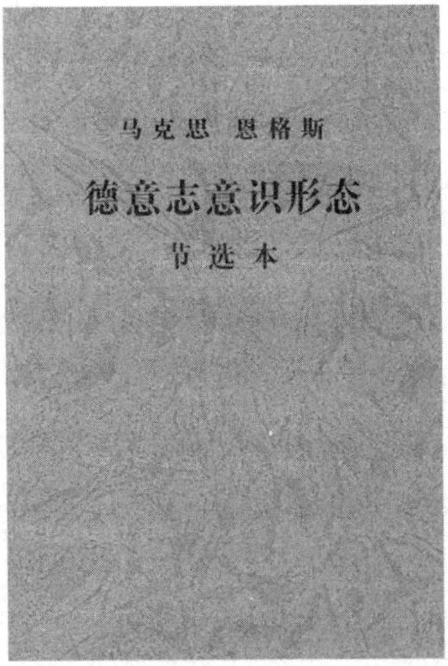

人民出版社 2003 年出版的《德意志意识形态》节选本封面

在对马克思哲学形成和发展史及其基本精神有一个准确了解的基础上，我们会更好地把握《德意志意识形态》的思想地位、历史影响，进而才能更好地彰显《德意志意识形态》的理论和实践意义。众所周知，马克思哲学的本真精神是通过马克思和恩格斯所实现的西方思想史上的一场哲学革命才得以凸显出来的，而马克思哲学革命又并非同质性地同时完成，它经历了一个复杂的自我发展和超越过程。这就意味着要完整把握马克思哲学的本真精神，我们必须具有如下方法论基本要素：其一，准确把握马克思所处时代的实践主题，进而准确定位马克思哲学与现实的关系，特别是马克思哲学与传统西方哲学之间所内含的批判与继承关系，这是准确把握马克思哲学本真精神的首要视角；其二，阐明西方逻各斯中心主义传统的特点及其困境，以及马克思哲学对其实现自觉消解和超越的必然性，这是把握马克思哲学本真精神的基本前提；其三，采取历史生成的视野，基于马克思不同时期哲学文本的主题演进及其哲学运思特点，阐明马克思哲学在人的解放路径探求上所经历的从自我意识的自由到社会关系合理化这一思想轨迹和展开逻辑，这是把握马克思哲学本质特征和活的灵魂的必要环节。

（一）哲学的批判本性与把握马克思哲学本真精神的视角

准确把握马克思所处时代的实践主题，进而准确定位马克思哲学与现实的关系，特别是马克思哲学与传统西方哲学之间所内含的批判与继承关系，是把握马克思哲学本真精神的首要视角，这是由哲学的批判本性以及马克思哲学的主题所决定的。因为哲学的原初涵义是“爱智慧”，作为每一时代精神上的精华，真正的哲学始终承载着启迪人类蒙昧、引领时代前行的重大使命。但在社会发展的不同历史阶段，哲学家们面对的实践主题不同、思考的对象不同，使得“爱智慧”的内涵也不同，这决定了不同哲学家在其哲学运思过程中，其思想必然呈现出不同的本质特征和基本精神。具体表现在：批判与反思是哲学的内在本性，哲学始终把对现实世界的批判与反思作为自身发展的实践动力，每一时代主流哲学家的哲学运思及其逻辑展开，往往在很大程度上取决于他所处时代的实践主题；与此同时，哲学也把否定和超越精神作为自身发展的理论动力，人类哲学思想的发展从而人类社会得以不断进步，也始终基于哲学家们对哲学史上各种理论的批判乃至自我批判之上，上述这两方面相辅相成、有机交融，共同推动某一哲学思想的形成和发展，并使之发挥着极大的理论和实践效应。因此，对哲学家所处时代实践主题的把握，特别是对其哲学思想与此前哲学传统之间所内含的批判与继承关系的准确定位，便成为呈现该哲学家思想的完整视域和基本精神所不可或缺的双重视角。而对马克思哲学实质和基本精神的准确理解与把握，更是如此。

“马克思首先是一个革命家。他毕生的真正使命，就是以这种或那种方式参加推翻资本主义社会及其所建立的国家设施的事业，参加现代无产阶级的解放事业。”[1] 马克思哲学的创立、形成和发展的现实动力，首先直接来自于马克思和恩格斯所面临的时代主题——无产阶级的现实解放以及人的全面自由，正是这一实践主题决定了对马克思哲学而言，“爱智慧”就表现为对“关于现实的人及其历史发展的科学”的探讨，这突出表现在自 19 世纪 40 年代以来，马克思和恩格斯始终把无产阶级的真正解放作为自身哲学思考的实践动力，秉承着真正使哲学成为社会实践的重要组成部分，从而把哲学外化成为改变世界的运动的执著信念，对资本主义社会现实进行了强烈地、持续不断地批判反思；其次，实现无产阶级的解放和人的全面自由这一实践主题，也在某种程度上决定了马克思哲学与传统西方哲学之间所内含的超越与被超越关系，特别是决定了马克思哲学思考的逻辑展开过程，由此呈现出马克思哲学的基本精神和本质特征。

因为马克思和恩格斯生来便直接面对的文化背景，恰恰就是西方古希腊——希伯莱这一深厚的文化传统，而从康德哲学开始到以黑格尔哲学为思辨哲学顶峰的德国古典哲学，更是达到了这一传统的最完备形态。但当马克思经过《莱茵报》时期直接参与现实社会斗争的经历之后，他认识到物质利益实际上在人类社会中起着巨大的作用，而在为无产者群众的利益进行斗争的过程中，以唯心主义和资产阶级民主主义作为哲学上和政治上的武器是远远不够的，特别是“哲学家们只是用不同的方式**解释**世界”[2]，在面对现实中出现的各种矛盾和问题时，以黑格尔哲学为最高形态的传统西方哲学，在改变世界的问题上实际上便显得苍白无力。而从哲学视野致力于经济矛盾体系研究的蒲鲁东哲学，也仅仅诉诸“无人身的理性”的自我运动来探讨人的解放问题；作为关于发财致富的科学的古典经济学，仅仅看到了物与物之间的关系并试图从中寻求社会发展的规律，却看不到物与物之关系背后的人与人之间的关系；空想社会主义更是仅仅从道德批判意义上的“应然”层面来寻求人的解放路径，它们可以说都陷入了人的解放问题上的经验唯物主义或历史唯心主义等形而上学泥淖。因此在马克思哲学看来，要真正实现无产阶级的解放，就必须在深层思维方式上把改造世界作为自身对哲学本身的理解与定位，始终立足现实展开自身的哲学思考过程。也即意味着首先必须对西方古希腊——希伯来文化传统进行批判性的反思与超越。马克思哲学的形成和发展史表明，正是在对传统西方哲学（特别是德国古典哲学）的反思与超越过程中，马克思哲学才获得了以实践和历史“生成”为基本特征的哲学分析方法，继而他们运用该方法对现实资本主义社会的内在矛盾进行深刻剖析，在此过程中完成了对英国古典政治经济学以及英法空想社会主义的超越，从而找到了无产阶级遭受剥削的秘密，破解了资本主义社会乃至人类历史发展规律之谜，为无产阶级解放以及人类全面自由的最终实现指明了科学路径。由此看来，正是在马克思哲学开启并实现的西方哲学史上的哲学革命过程中，它才呈现出自身独特的哲学智慧。

基于上述视角我们看到，对马克思哲学革命的准确理解，特别是在马克思哲学革命的深层旨归、马克思不同时期哲学文本的主题演进，以及马克思哲学革命的展开逻辑等方面进行认真的反思与考察，或许才能够呈现并把握马克思哲学的完整视域、本质特征和基本精神，进而为马克思哲学走向当代提供有价值的方法论指引。

（二）超越逻各斯中心主义：马克思哲学革命的深层旨归

阐明西方逻各斯中心主义传统的特点及其困境，进而揭示马克思哲学对其实现自觉消解和超越的必然性，这是把握马克思哲学基本精神的基本前提。因为在马克思哲学看来，实现西方哲学史上一场真正的哲学革命，这既是现实实践的需要，更是西方传统哲学自身发展的必然结果。因为在两千多年的发展历程中，西方传统哲学既引领了人类文明的发展进步，也积淀了无法克服的自身困境，特别是它导致了自身面对现实问题时的尴尬与无助。这突出表现在：从 2500 多年西方哲学的发展历程来看，以探讨“始基”问题为显著特征的古希腊罗马本体论哲学，虽然使人类告别了以神话和原始宗教来解释世界、理解人类自身存在方式的传统，由此人们才开始获得了自我身份认同，并开始探求世界的统一性，进而标志着人类的成熟与进步，但同时哲学家们也形成了理念世界与现实世界二元分裂的思维范式；中世纪基督教及其哲学通过对宗教教义的论证，试图启示人们以全知、全善、全能的绝对者——上帝为中介，首先通过人与上帝的契约关系来获得自身的自由意志、权能和智慧，然后使尘世生活之中的人们进行相互之间的交往，以此来保证现实社会的和谐与人的真正自由，但却把人的自由的最终实现寄托于未来世界的上帝救赎；而以认识论为研究重心的近代哲学告别了神学对人的统治，恢复了理性、自由和独立思考精神，增强了人类对自然、社会、制度以及宗教等问题的认识，但也固化了主体——客体这一典型的二元思维范式，形成了哲学思考上的形而上学性和机械性；德国古典哲学自觉融汇了古希腊哲学和希伯来文化传统，开启了“理性为自然立法”的哥白尼革命，以体系化的理性建构来探讨认识问题、自由问题以及历史规律问题，虽然达到了马克思哲学诞生之前哲学思维的高峰，但也形成了以黑格尔哲学为典型代表的理念、观念决定历史的思维范式，认为“观念、思想、概念产生、规定和支配人们的现实生活、他们的物质世界、他们的现实关系”[3]。

可见传统西方哲学发展的总体特征实际上就表现在：将逻各斯（the logos）当作探讨世界本原、追求终极实在、永恒原则和绝对真理的中心，在把感性世界和超感世界进行二元分割并导致其对立的基础上走向了理性盲从，以为诉诸理性和逻辑的自我完善就可以寻找到人类的解放路径。在马克思哲学看来，逻各斯中心主义就是一种彻底而纯粹的理性主义，它实际上构成了传统西方哲学的核心、基础和主流思维范式，而黑格尔精神哲学更发展成为逻各斯中心主义传统的最高形态。马克思哲学认为黑格尔哲学在达到传统西方形而上学发展顶峰的同时，一方面必然导致它无法克服的自身矛盾，另一方面也必然造成它面对现实世界困境的尴尬，换言之，尽管它在思想、观念、范畴自身的逻辑运演方面达到了思维的高峰，但也仅仅在抽象的方面发展了主体能动性，即使这样，不仅它的体系和方法之间出现了不可调和的矛盾，更因为它仅仅停留在“解释世界”层面、局限在“纸上谈兵”的范围之内，所以不可能实现现实实践中遭受压迫的无产阶级的真正解放问题。为此马克思哲学多次阐明西方哲学传统的内在缺陷，特别指出“变革的**观念**已经表述过千百次，但这对于实际发展没有任何意义”[4]。

置身于波澜壮阔的现实实践斗争之中，马克思和恩格斯逐渐认识到，逻各斯中心主义致力于从理性一般来解释人类社会历史的发展规律，从现实与预设的理想状态间的表面冲突出发，诉诸理性自身的运动及其克服来寻求现实社会矛盾产生的深刻根源，并寻找人的解放和自由路径，这显然是行不通的。为此马克思特别指出：“法的关系正像国家的形式一样，既不能从它们本身来理解，也不能从所谓人类精神的一般发展来理解，相反，它们根源于物质的生活关系，这种物质的生活关系的总和，黑格尔按照 18 世纪的英国人和法国人的先例，概括为‘市民社会’，而对市民社会的解剖应该到政治经济学中去寻求。”[5] 进而马克思哲学特别强调，“德国哲学从天国降到人间；和它完全相反，这里我们是从人间升到天国”[6]，坚持认为不是意识决定生活，而是生活决定意识，因而必须明确自身哲学的实践品格，把哲学作为观察、批判并改变现实世界，进而实现无产阶级解放的方法和武器。特别是，为了探求无产阶级解放和人的自由的实现路径这一最高价值命题，马克思花费 40 余年时间从事政治经济学批判，开始从现实社会经济生活内部，通过现实历史进程中的生产力与生产关系、经济基础与上层建筑之间的内在矛盾运动，尤其是通过对凸显出来的社会现实矛盾的把握，以及推动现实矛盾的自我克服，来获得实现人的自由与解放（在当时首先实现无产阶级的解放，然后通过先进的无产阶级解放全人类）的科学路径。马克思哲学通过政治经济学批判所形成的社会历史分析方法，既是马克思哲学探索的重要组成部分，又深化、丰富并拓展了马克思哲学的智慧。

从马克思哲学的思考特点来看，它把现实社会实践活动作为其哲学反思与建树的立足点，以“物质生活本身的生产和再生产”作为探求人类社会发展的基础和前提，对资本主义社会内在矛盾及现代性的经济学本质和物质根基进行了深刻的哲学反思批判，超越了诉诸理性自身逻辑运演的思维范式；它基于历史生成视野，对现实资本主义社会生产方式及其内在矛盾进行了深刻剖析，历史地揭示社会发展的规律和基本趋势，特别指出资本主义社会矛盾处于历史发展过程之中，它并不是永恒不变的，更不是“历史的终结”，它既有其产生的根源又有其消亡的必然，从而以历史生成论消解了本体还原论；它指出社会矛盾解决的途径植根于现实社会生活内部而非理性和逻辑的自我完善，进而把人的本质界定为承载着一定社会关系的现实的、具体的人，而人的真正解放的关键是现实社会关系的合理化，摈弃了以规范伦理为基础的个体性伦理拯救或精神解放之路，以现实个人的解放消解了伦理拯救论。由此马克思哲学超越了把哲学阐释为普遍理性或抽象人性的不断完善，从概念范畴出发以先验逻辑悬设的思维范式，在概念、范畴的逻辑运思或理性演绎中探求人的解放路径，从而仅仅停留于“解释世界”层面的西方逻各斯中心主义传统，进而彻底驳斥了古典政治经济学家停留在经验唯物主义层面而得出的资本主义社会具有永恒性的预言，更避免了空想社会主义理论“唯伦理批判”的非科学性，最终完成了对人类解放及人的自由实现路径的科学探求。马克思哲学通过哲学形态（思维方式）的深刻变革使历史唯物主义成为科学，为人类贡献出了以唯物史观和剩余价值学说为核心内容的马克思哲学智慧，进而拉开了持续不断地社会主义历史实践的序幕。可见，马克思哲学革命的深层旨归，就体现在对西方逻各斯中心主义传统的自觉消解和超越，在科学揭示社会发展的基本结构、内在矛盾以及人类历史发展的基本规律基础上，探索出现实社会关系合理化这一人的自由发展的科学路径，这是马克思哲学思考的重要特征。

（三）从自我意识的自由到社会关系合理化：马克思哲学革命的展开历程

诉诸现实社会关系合理化以达及人的自由与解放，这通常被看作马克思哲学思考成熟的重要标志，而这一科学路径的获得，始终伴随着马克思和恩格斯对现实社会感知程度的不断加深，以及他们对资本主义社会内在矛盾剖析的不断深化，历史地体现在马克思哲学革命所经历的复杂展开过程之中。因而采取历史生成的视野，基于马克思不同时期哲学文本的主题演进及其哲学运思特点，阐明马克思哲学在人的解放路径探求上所经历的从自我意识的自由到社会关系合理化这一思想轨迹和展开逻辑，这是把握马克思哲学本质特征和活的灵魂的必要环节。

从马克思哲学思考的主要文本的主题演进及不同时期的哲学运思特点来看，马克思的《博士论文》虽然表达了改造世界的激情和人类解放的价值诉求，但此时他却把彻底的真正的自由归结为自我意识的自由；《巴黎手稿》提出了劳动异化、交往异化并对黑格尔辩证法进行了批判，但在彰显现实历史性逻辑的同时仍未能摆脱思辨人本主义哲学的影响，仍把人向类本质的回归——异化劳动的扬弃作为人的解放的实现路径；在《关于费尔巴哈的提纲》和《德意志意识形态》中，马克思哲学才更加明确了自身的实践品格，把理论研究对象从宗教史和自我意识的历史转向现实社会实践的历史过程，并以历史“生成”的分析方法来剖析社会发展的基础和规律，通过物质生存条件的生产和再生产的理论思路，完成了对青年黑格尔派和黑格尔精神哲学等历史唯心主义的批判，在方法上完成了历史唯物主义的奠基，但此时他们哲学思考中历史性生产关系的生产和再生产思路尚不明晰；而在《1857—1858 年经济学手稿》以及《资本论》中，马克思哲学才开始在物质生产过程中探讨人与人之间的关系，尤其是运用抽象上升到具体的方法，重点探讨了与物质生存条件生产相统一的资本主义生产关系的生产和再生产，揭示了无产者生存困境的根源，明确指出现实社会关系合理化才是人的自由和解放的必由之路，进而发现了人类社会发展的基本规律，大大深化了历史唯物主义的智慧。可见，马克思实现其哲学革命实际上经历了从对个体主体性解放的价值呼唤，到基于实践基础的人的社会历史生成范式的确立，再到立足于个体与社会相统一的人的现实解放之路的最终形成这样三大阶段，由此马克思哲学才真正破解了人类历史和人的解放之谜，历史唯物主义也才真正成为科学。

马克思哲学不同时期重要文本的主题演进及哲学思考特点表明，马克思哲学革命并不是同质性地同时完成的，它经历了一个复杂的发展过程。而结合马克思哲学思考的主要文本，以深层历史文本方法解读这一过程，可以发现：

首先，马克思哲学放弃了通过自我意识的解放来实现人的现实解放的哲学思路，摒弃了把人的本质界定为“自由自觉的劳动”，进而通过劳动异化及其自我扬弃来实现人的解放的路径，这实际上是摒弃了从预设的价值尺度和“应然”标准出发，对资本主义非人道的现实进行道德谴责，然后在非现实的层面通过人向“应然”标准的回归来解决现实矛盾的哲学分析范式，进而为获得哲学研究的现实前提以及哲学介入社会、改变世界的基石铺平了道路；

其次，马克思哲学阐明了哲学与现实的辩证关系，强调不是意识决定生活，而是生活决定意识，把哲学建树的基石奠基于现实的人的物质生产活动之上，深入到现实实践过程之中来寻找批判现实社会、分析社会矛盾的支点，进而也就不是从预设的理想状态出发、不是在概念逻辑的理性演绎中，而是在资本主义物质生产过程中获得了揭示社会内在矛盾及其根源的现实前提，通过对凸显出来的社会现实矛盾进行科学的分析把握，以此来寻求人类解放的科学路径；

再次，马克思和恩格斯没有对现实社会生产和生活过程仅仅进行简单的史料堆砌和经验分析，而是以历史“生成”的社会分析方法作为剖析资本主义乃至人类社会发展规律的基本方法，基于历史“生成”的视野，把具体的、历史的、现实的人及其社会实践作为自己哲学思考的出发点，努力具体地、历史地揭示社会生活中存在的内在矛盾，进而正确破解了“人的本质何谓”这一哲学史上的理论难题，为发现资本主义乃至人类社会的发展规律提供了科学的分析视角。

（四）马克思哲学的本真精神与《德意志意识形态》的历史定位

在上述基础上，马克思和恩格斯通过对现实生产关系的生产和再生产的深刻剖析，在本质层面具体地、历史地揭示出资本主义社会内在矛盾的发生过程，以及资本主义社会的未来命运，特别指出剩余价值才是无产阶级遭受剥削和压迫的根源，而只有通过实现现实社会关系的合理化才能克服资本主义社会存在的异化现象，真正实现现实矛盾的自我克服，进而为无产阶级乃至全人类实现自身的解放指明了科学路径，真正实现了“解释世界”和“改变世界”的有机结合。

总之，从把彻底的真正的自由归结为自我意识的自由，到现实历史性逻辑与思辨人本主义逻辑并存；从以现实社会实践基础和历史“生成”的分析方法来剖析社会发展的规律，通过物质生存条件的生产和再生产的理论思路完成对历史唯心主义的批判，到在物资生产过程中探讨人与人的关系，重点探讨与物质生存条件生产相统一的生产关系的生产和再生产，进而找到现实社会关系合理化这一实现人的自由的真正路径，这呈现出马克思哲学革命的思想演进历程。

由上可以看出，作为关于人的彻底解放和人的全面自由的学说，马克思哲学有别于传统体系哲学，它不是为了建构体系本身而进行哲学运思的，它始终是为了解决社会现实问题，即揭示无产者生存困境的根源及其克服路径，而在对传统西方思辨哲学的超越过程中对人的现实解放路径进行探讨的。因而马克思哲学的本质特征和基本精神，或许主要表现在如下几个方面：其一，马克思哲学是基于现实物质实践基础而“改变世界”的实践哲学，它不是外在于现实历史进程的纯粹理性思维；其二，马克思哲学是基于历史“生成”

视野，在本质层面对社会内在矛盾进行深刻剖析的历史哲学，它不是以“现成”的思路、仅仅停留在简单的历史事实堆积基础上的历史经验论；其三，马克思哲学是诉诸现实社会关系的合理化来实现人的自由的“现实的个人”的能动解放理论，因而它既不同于仅仅停留在抽象的思辨领域、诉诸理性和逻辑的自我完善来寻求人的自由实现路径的逻各斯中心主义，也区别于仅仅通过个人自我道德完善来达到社会和谐和人的解放的道德学说，更有别于通过某种神秘力量而实现自我拯救的宗教理论。正是马克思哲学所呈现出的上述基本精神及本质特征，或许才是它能够深刻持续影响人类历史进程的深层根源，而阐明马克思哲学的这种基本精神和本质特征，无疑将为马克思哲学走向当代提供我们必须坚守的基本原则，进而凸显其重要的现实意义。

基于马克思哲学形成和发展的逻辑进程，我们可以看到，在《德意志意识形态》中，马克思哲学把理论研究对象从宗教史和自我意识的历史，转向现实社会实践的历史过程，并以历史“生成”的分析方法来剖析社会发展的基础和规律，通过物质生存条件的生产和再生产的理论思路完成了对历史唯心主义的批判，为此后马克思哲学从物质生产过程来探讨人与人之间的关系，重点探讨与物质生存条件生产相统一的资本主义生产关系的生产和再生产，揭示无产者生存困境的根源，明确指出现实社会关系合理化才是人的自由和解放的必由之路这一人的自由路径的实现最终奠定了方法论基础，由此历史唯物主义也才真正成为科学。

二 《德意志意识形态》的理论和实践意义

“《德意志意识形态》关于费尔巴哈的这一部分是马克思著作最为核心的部分之一。以当时流行的较低水平的社会主义者的著述和

梁赞诺夫版《德意志意识形态·费尔巴哈》中译本（2008年）封面

思想看来，这是一个惊人的成就。马克思后来从未如此长篇地、如此细致地叙述他的历史唯物主义概念。今天，它仍然是具有说服力和明晰性的一部杰作。”[7] 可以说，《德意志意识形态》的理论意义就突出地表现在：通过该著作的写作，马克思和恩格斯完成了对青年黑格尔派意识哲学、费尔巴哈人本主义哲学的超越，明确了自身哲学的实践本性，把哲学的研究对象从宗教史和精神史拉回到了人类现实的历史过程，并通过历史生成的分析方法对现实社会发展的规律进行了分析探讨，为揭示现实个人的自由与解放之路提供了历史唯物主义的分析方法。

（一）《德意志意识形态》的理论意义：人的现实历史生成与唯物史观的奠基

马克思哲学立足现实实践基础，以历史生成的视野分析人类社会的发展规律，指出人的解放并不是抽象的思想运动，而是现实的历史运动，无产阶级的贫困等社会不平等现象的形成经历了一个所有制演变的历史过程，这一社会现象也不会是永恒的社会现象，它终究必将被克服。但马克思认为，无产阶级的自由与解放乃至全人类的自由与解放，必须通过无产阶级革命的方式才能最终实现，而像费尔巴哈诉诸“爱”的宗教、青年黑格尔派诉诸“自我意识”的解放、理性和逻辑的完善等，这对人的现实解放实际上不会产生任何实质性的影响。通过对青年黑格尔派自我意识哲学以及费尔巴哈人本主义哲学的超越，马克思哲学才成为探求人类社会发展规律和无产阶级解放路径的科学理论，在此意义上我们才说历史唯物主义得以真正奠基，也正是具备了这种科学的分析方法，马克思和恩格斯才乐观地指出："随着现存社会制度被共产主义革命所推翻（下面还要谈到这一点）以及与这一革命具有同等意义的私有制的消灭……同时，每一个单个人的解放的程度是与历史完全转变为世界历史的程度一致的。……只有这样，单个人才能摆脱种种民族局限和地域局限而同整个世界的生产（也包括精神的生产）发生实际联系，才能获得利用全球的这种全面的生产（人们的创造）的能力。"[8]

要进一步把握《德意志意识形态》的理论意义，还必须采取比较的视角，在了解哲学史上其他哲学流派对历史的哲学反思及其局限性的基础上，把握马克思哲学对这些流派的超越。众所周知，在哲学史上对历史的哲学反思曾存在两种方式：思辨的历史哲学反思和分析的历史哲学反思。前者试图提供一部"哲学"的世界历史；后者则关注历史思考和历史知识本身。思辨的历史哲学可溯源到奥古斯丁的《上帝之城》，它假定历史不是偶然的过去事件的前后堆积，而是通过论证一个基本的因素或结构使得整个历史过程成为合理的和可以理解的对象，他从神学目的论出发，认为人类历史由某种神秘的力量所支配。此后，西方哲学的发展深受此影响，比如，康德虽然"批驳了把历史理解为一部拯救史，理解为地球上一切利益和欲望的最终实现的观念"[9]，但他却认为历史是一个合目的而又合规律的发展过程，目的王国和必然王国最后统一于普遍理性，而黑格尔甚至认为历史的发展是一个由绝对精神统治的辩证运动过程，他所说的历史"归根结底也只是用来检验逻辑运算问题"[10]。分析的历史哲学是 20 世纪才出现的哲学思潮，无论是以亨佩尔为代表的试图将历史说明与自然科学说明同化，进而为历史知识提供普遍规律的模式，还是以李凯尔特、狄尔泰、克罗齐和柯林伍德为代表的把历史研究与自然科学区别开来并为历史的独立做辩护，试图理解每一行为背后的原因，它们均不关注实际历史的基本结构，而主要论述历史说明的基本结构和历史理解的本质，尤其关注历史思维的概念结构和历史客观性的本质。[11]

而从马克思和恩格斯在《德意志意识形态》中彰显的基本精神来看，马克思和恩格斯对历史规律的哲学反思与上述两种历史哲学反思均有着迥然的差别。马克思和恩格斯的哲学探求始终基于自己一再重申的理论旨趣："实际上，而且对**实践的**唯物主义者即**共产主义者**来说，全部问题都在于使现存世界革命化，实际地反对并改变现存的事物。"[12] 正如马克思哲学无意建立任何能够解释世界的最终体系一样，它既无意仅仅致力于历史知识、历史事件的汇集以及历史经验的梳理，无意仅对历史说明本身的基本结构进行阐释，更无意用悬设的价值目标对社会历史生活作抽象本原的探讨。甚至，马克思和恩格斯对他们所置身其中的自由资本主义社会现实的道德控诉，进而用鲜明的价值取向展开对实际生活中无产者恶劣境遇和悲惨现实的"理论"批判，也并非马克思哲学的独特智慧和伟大之处。比如，恩格斯就曾指出："卡莱尔控诉时代的空洞无物和空虚，控诉整个社会制度内部的腐败。这种控诉是正当的，但是，仅仅控诉也无济于事；要消除祸害，就必须找出它的原因。"[13] 相对于西方传统哲学而言，马克思哲学革命的核心恰恰在于，作为面向现实的批判精神的体现与彻底改变世界的科学方法论，其对历史的哲学反思始终立足于现实社会生活和社会历史实践，用历史生成的视野和分析方法展开对人的本质的探讨，揭示出现实社会生活存在的内在矛盾以及资本主义时期无产阶级贫困的内在根源；通过对各种宗教和唯心主义赖于产生的世俗基础的深刻解读，尤其是通过对资本主义现实这一"人体"的深刻剖析，最终找到了解剖封建社会、古代社会和东方社会这一"猴体"，以及理解人类社会发展规律的钥匙和人类解放的科学路径。这使得马克思和恩格斯对一系列重大哲学问题的回答便具有了强烈的现实感、深刻的历史感和科学根基，从而彻底消解了西方逻各斯中心主义在历史观上所推崇的理念、范畴和精神本体论哲学思维范式。这更加说明，只有理解了马克思哲学的这种社会实践基础之上的历史生成视野和分析方法，才能够把握马克思哲学区别于精神哲学和思辨哲学的核心所在，才能够把握马克思哲学的本真语境和特质，才能够真正完成人的解放路径的科学探求。

重视作为研究对象的现实历史规律的探讨，可以说是马克思主义经典创始人始终如一的理论和实践诉求。早在 1844 年发表于《德法年鉴》上的《评托马斯·卡莱尔的〈过去和现在〉》一文中，恩格斯就指出了历史的重要性，“我们根本没有想到要怀疑或轻视‘历史的启示’；历史就是我们的一切，我们比其他任何一个先前的哲学学派，甚至比黑格尔，都更重视历史；……嘲弄历史，无视人类的发展，这完全是对方所为；而且又是基督徒所为”[14]。甚至此时，恩格斯已经明确指出了无视现实历史的宗教历史观的荒谬性：“基督徒编造了一部别具一格的‘天国史’，否认真实的历史具有任何内在实质，只承认他们的彼岸的抽象的而且是杜撰出来的历史才需要这种实质。他们借助人类的完美在于他们的基督这一说法，使历史达到一个想象的目的；他们把历史过程拦腰截断，因此为了自圆其说，不得不把后来的十八个世纪说成是一派胡言和毫无思想内容的。”[15]恩格斯还初步分析了宗教史观产生的根源，指出：“宗教按它的本质来说就是抽掉人和大自然的整个内容，把它转给彼岸之神的幻影，然后彼岸之神大发慈悲，又反过来使人和大自然从它的丰富宝库中得到一点东西。”[16]恩格斯认为所谓的神其实不过是通过人在自己的不发达意识这个混沌物质 [Hyle] 中对人的反映而创造出来的，人和大自然的事物妄想成为超人和超自然的，这是一切不真实和谎言的根源，与基督徒宣布世界、人和人的生活是谎言进而使世界和人依附于某个神的恩典相反，他提出：“我们要求把历史的内容还给历史，但我们认为历史不是‘神’的启示，而是人的启示，并且只能是人的启示。”[17]虽然在此一时期，马克思主义哲学经典创始人开始把理论研究对象从宗教史观和唯心史观拉回到了社会历史发展的现实之中，但由于1845年之前马克思和恩格斯受费尔巴哈人本主义哲学以及伦理的“哲学的”共产主义的影响，在对历史规律的分析方法上，以及对资本主义社会的批判上，“仍停留在一般人类的道德和人道的抽象原则”[18]。马克思和恩格斯把理论研究对象从宗教史和自我意识的历史拉回到社会的现实发展过程之中，在对历史规律的分析方法上摆脱一般人类的道德和人道的抽象原则，进而形成其基于实践基础之上的历史生成视野和历史生成分析方法，恰恰完成于《德意志意识形态》的写作。可以说，马克思哲学范式革命首先在标志历史唯物主义诞生的重要文本《德意志意识形态》中被系统而明确地凸显出来。

《德意志意识形态》之所以被称为马克思哲学形成过程中承上启下的重要文本，其核心原因在于在《德意志意识形态》这一文本中，马克思和恩格斯通过对黑格尔左派哲学等黑格尔以后的哲学形式以及流行于德国的“真正社会主义”的批判，“清算了自己以前的哲学信仰”，通过“共同阐明我们的见解与德国哲学的意识形态的见解的对立”，首次正面、系统地阐明了历史唯物主义的基本原理，划清了他们与青年黑格尔派哲学和费尔巴哈人本学唯物主义的界限，基本上完成了从唯心主义到一般唯物主义再到历史唯物主义，以及从革命民主主义向科学共产主义的转化。从马克思哲学形成史的视角，仔细研读该重要文本，我们会非常强烈地感受到，马克思和恩格斯正是通过以实践基础上的历史生成分析方法，对社会现实生活和人类历史发展规律进行深刻剖析，从而完成了对远离现实实践的精神哲学和思辨哲学的消解，以及对人本学唯物主义中“历史”缺失这一局限的超越。与坚持宗教史观以及在纯精神领域进行纯粹理论批判运动的青年黑格尔派不同，在《德意志意识形态》中，马克思和恩格斯立足现实社会生活和历史实践，从物质生活资料的生产出发，从具体的、现实的以及处于一定条件下的个人出发，用历史生成的视野和方法分析社会现实生活的内在矛盾，探求人的本质和人类社会发展的内在规律性，为进一步探求无产阶级的真正解放和人的全面发展提供了科学路径。通过这种艰难的理论探索过程，他们对西方逻各斯中心主义和近代理性主义价值悬设思维方式予以了彻底消解，使得此后《哲学的贫困》、《1857—1858年经济学手稿》以及《资本论》等时期马克思和恩格斯对现实生活的科学探讨和深刻解剖的力度得以进一步深化。

马克思和恩格斯通过对青年黑格尔派"自我意识哲学"非现实性的批判，以及对缺乏历史生成分析视野的费尔巴哈人本主义哲学的超越，开启了历史观革命，彰显出历史唯物主义中所特有的基于社会实践基础之上的"历史"生成分析方法，使马克思走向了对社会现实生活和人类历史发展规律的科学剖析。进而言之，正是立足现实生活实践和历史生成视野，才为马克思此后基于资本主义物质生产过程来探讨资本主义生产关系的生产和再生产，进而真正揭示无产阶级贫困的根源并为人的全面自由的实现找到科学路径提供了历史唯物主义的分析方法，从而使历史唯物主义成为探求人类社会发展规律和无产阶级解放实践的科学理论。

从当代视野出发，重新反思并审视马克思和恩格斯在《德意志意识形态》中所实现的哲学革命，其更深层理论旨归无疑在于昭示我们：要拓展马克思哲学的价值维度，始终关注人的现实生活，始终坚持对现实生活的批判反思；更要拓展马克思哲学的理性维度，用历史的方法审视现实社会关系的新变化，在发展中推进社会关系的逐步合理化，唯其如此，我们才能在坚持、发展并创新马克思主义哲学过程中真正实现人的解放和人的全面自由。

（二）《德意志意识形态》的实践意义

从《德意志意识形态》这部马克思主义经典文献中，我们可以看出，马克思哲学是基于现实物质实践基础、“改变世界”的实践哲学；是以历史生成的视野分析社会发展规律的历史生成智慧；是关于承载着现实社会关系的“现实的个人”而不是抽象的人的能动解放的理论；是对历史发展本质层面进行分析的历史本质论，它真正实现了哲学探求上的理性探求和价值诉求的有机统一。

站在当代视野之下，重新解读《德意志意识形态》这一重要经典，其更深层理论旨归无疑在于昭示我们：马克思哲学不相信任何最终的、绝对的东西，它给我们提供的只是鲜活的分析社会的方法，而不是如何进行社会建设的具体的现成答案，这意味着开辟马克思哲学中国化的新境界，就需要我们在现实实践中去创造性地加以实现；马克思哲学诉诸现实社会关系合理化来“改变世界”、从而为“现实的个人”的能动解放找到了科学的实现途径，这意味着当前必须着眼于现实社会关系的合理化，尤其要处理好实际生活中的效率与公平之间的关系，唯其如此，才能真正实现以人为本；马克思哲学注重从本质层面探求现实社会发展的规律，这意味着应对中国社会发展所面临的严峻挑战，我们既不能仅凭个人的主观愿望，更不能遵循“经验主义”，而须建立在对社会发展深层规律的本质分析基础之上，否则将有重蹈覆辙的危险；马克思哲学强调一切事物的暂时性，尤其主张以历史生成视野看待并解决社会发展面临的现实问题，这要求我们既要用理性与价值的双重视角作为发展社会的标尺，即既要发展经济，更要注重人和社会的全面发展，同时也要确立评价社会进步与否的科学标准，既不能回避问题和矛盾，又要看到矛盾和问题是在历史过程中产生的，它们也必将在发展中得以解决，进而使我们不在任何困难和风险面前丧失社会进步的信心。换言之，就《德意志意识形态》所体现出的马克思哲学本真精神而言，它实际上启示我们：发展、创新马克思哲学要始终面向现实实践，要以理性和价值双重尺度考察并拓展现实实践与时代生活，要立足现实社会关系的合理化来处理实际生活中效率与公平的关系等问题进而真正实现以人为本，这应该成为开辟马克思主义中国化当代境界所必须坚守的基本原则，更是马克思主义哲学发展创新的基础、前提和强大动力。

（1）以理性和价值双重尺度考察并拓展时代生活

马克思哲学走向当代，就是在准确把握马克思哲学基本精神的基础上，用马克思哲学的基本精神、活的灵魂和方法智慧指导并推进中国现代化实践这一伟大历史进程。而随着中国改革开放的逐渐深化和现代化实践的不断拓展，人们已经达成如下基本共识：中国实现现代化的最终目标是政治、经济和文化的全面现代化，是人与自然相协调的可持续发展的现代化，是人与人、人与社会和谐共生的社会全面进步和人的全面自由发展的现代化。反思马克思哲学革命，它带给我们的重大启示之一，就是要求我们以理性与价值的双重尺度来考察并推进现实实践和时代生活，这是马克思哲学走向当代的基本诉求。

理性尺度，是指以怀疑精神、批判精神、探索精神和创新精神，运用科学的历史分析方法揭示现实社会发展的基本规律，从而真正获得人类未来目标实现路径的科学尺度，它同时也为判别历史进步提供了客观和确定的依据。在马克思哲学看来，理性尺度首先表现在，立足生产实践对人的发展和人类历史展开的客观意义和现实前提，以现实社会关系的合理化为判断标尺和最高旨归，进而探讨并实现人的全面自由和彻底解放这一历史目标。从这一视角出发，马克思和恩格斯客观地指出了资本主义及其生产力的发展为世界历史形成及人的本质的自由而全面的发展创造了条件，与此同时，着重剖析了他们身处其中的现实资本主义社会的内在矛盾，获得了解剖“人体”的钥匙，再用这把钥匙来分析整个人类社会及其历史演进形式和发展规律，以此来探寻无产阶级乃至全人类的现实解放之路。

价值尺度，是指在考察和反思人类社会的发展规律、解决人类面临的现实困境并实现人的彻底解放过程中，要始终诉诸尊重人、关注人、为了人的思想情怀和深厚的人文关怀，并始终强调要对人给予现实关切，对生命的尊严和生命的关怀抱有敬畏之感。在马克思哲学看来，价值尺度主要表现在从历史发展的角度，对历史事实、历史进程特别是人的现实生存境遇所作的人文评价和价值评判，它着重强调社会的公平、公正、正义以及在此基础上现实的人的自由的真正实现。

从这一视角出发，在其中学毕业考试的德语作文《青年在选择职业时的考虑》一文中，马克思就认为，“我们应该遵循的主要指针是人类的幸福和我们自身的完美”[19]。马克思博士毕业后到《莱茵报》任编辑，直接参与现实问题的讨论，便开始坚决为贫苦群众的物质利益进行捍卫和辩护，在《关于林木盗窃法的辩论》一文中马克思指出，林木所有者利用盗窃林木者来盗窃国家本身，封建专制社会的立法就是把贵族的特权变成法，并公开申明：“我们为穷人要求**习惯法**，而且要求的不是地方性的习惯法，而是一切国家的穷人的习惯法。我们还要进一步说明，这种习惯法按其本质来说**只**能是这些最底层的、一无所有的基本群众的法。”[20] 随着研究的深入和对社会了解的深化，马克思和恩格斯更是对资本主义社会进行了无情的道德谴责和伦理鞭挞，指出“资本来到世间，从头到脚，每个毛孔都滴着血和肮脏的东西”[21]，资本主义发展既造成了罪恶的殖民统治，又造成了人的本质力量的异化，进而确立了自身哲学研究的鲜明的价值立场——无产阶级乃至全人类的真正解放。马克思哲学认为，就社会发展总的方向来看，理性与价值两种尺度必然会实现和谐统一，理性尺度本身就包含着人的价值尺度，而人的价值尺度又是理性尺度的内在根据。

马克思哲学认为，在共产主义革命以前的人类历史也即“史前史”这一漫长的历史时期，“由于异化疏离，人类这个物种并不曾掌握过自己的命运，既无自主，因此并无历史可言，有的只是物化结构的进程”[22]。特别是当人类历史发展到资本主义时期，人的异化状态达到了无以复加的程度，在《巴黎手稿》中，马克思着重从“工人同自己的劳动产品相异化”、“工人同自己的生产活动相异化”、“人同自己的类本质相异化”以及“人同人相异化”四个方面，对工人的种种异化状况进行了具体剖析，指出正是资本主义私有制这一异化了的社会制度，才导致了人的异化状态和人类主体颠倒为物的现象，导致了“死的物质对人的完全统治”，正是在资本主义社会交换的条件下，人与人的“社会的”关系，已经异化为一种不以人的意志为转移的利己的、物化的东西，“一种赋予我支配你的权力的手段”[23]。因此马克思和恩格斯“对人类的苦难——在当时特别是无产阶级的苦难充满了同情，认为社会的不平等会导致阶级对抗和冲突，剥夺者最终要被剥夺。……他和恩格斯渴望人类的解放，渴望那充满类似动物界生存斗争的‘人类史前时期’的结束，渴望人类和谐共处和自由发展的共产主义时代到来”[24]。正是葆有这种强烈的价值诉求，马克思哲学始终把无产阶级贫困的深层原因探求、把人的全面自由和彻底解放的实现作为自身理论和实践的坐标，无论是从事哲学研究还是花费四十余年光阴从事政治经济学批判，乃至直接参与并领导现实的无产阶级革命斗争，其背后都是基于这一价值尺度。

正因为这样，马克思哲学始终强调无产阶级的根本利益，把建立人的各种能力和潜能充分发挥、人的多样性需求得到满足、人与人之间的社会关系趋向合理、人的本质以及自由个性全面展现以及人与自然和谐发展的“自由人联合体”，作为自身始终如一的价值旨归。马克思以一种锲而不舍的真理探求精神，长期关注人类社会生活，直至其学术生涯和实践斗争的最后阶段，仍在探索人类解放和社会发展规律这一主题，孜孜不倦地为人类的未来寻找指路明灯，并明确指出，只有推翻资产阶级社会所有制，才能实现人的真正解放。马克思和恩格斯常常对实际生活中无产者的恶劣境遇和悲惨现实展开伦理批判，对资本主义社会现实进行无情的道德控诉，始终表达着他们对苦难的工人阶级的深刻同情和人道主义关怀，以燃烧着热情的笔锋抒发对未来的希望和乐观，他们的著作还常常充塞洋溢如火山爆发般的热情，所有这些也都是想以此来唤醒全世界的工人阶级，把他们从沉睡中摇醒，激励并武装他们走上自己的现实解放之路。

但是，仅仅诉诸价值尺度，马克思哲学并不能必然地产生极大的理论穿透力和实践效应，也不能把自身与空想社会主义以及传统西方哲学诸多流派天然地区分开来，马克思哲学之所以被称为科学的理论，恰恰是因为马克思和恩格斯虽然以鲜明的价值尺度出场，但他们并没有停留在对资本主义社会仅仅进行道德谴责和伦理批判这一层面之上，而是“到政治经济学中去寻找”资本主义社会存在极端不公平的深层次原因，从作为自身哲学建树起点的马克思《博士论文》所表达出的对主体自由和个性解放的追求和向往，以及《巴黎手稿》和《英国工人阶级状况》等著作字里行间饱含着的对工人阶级悲惨处境的同情和关怀，到《德意志意识形态》时期他们获得了实践基础和历史生成的哲学运思路向，直至思想成熟时期通过《资本论》等著作完成对资本主义社会内在矛盾的深刻剖析，马克思和恩格斯逐步实现了以理性尺度对人类发展规律和人类解放路径的探求。马克思哲学与其他哲学流派最大的不同就在于，它首先突出强调了“只有在现实的世界中并使用现实的手段才能实现真正的解放”[25]，从而把对人类社会发展规律和人类解放路径的探讨基于整个现实历史的实际进程，指出“第一个历史活动就是生产满足这些需要的资料，即生产物质生活本身”[26]，生产物质生活本身的这种历史活动，是一切历史的基本条件。在获得了哲学研究的现实实践基础的同时，马克思和恩格斯进一步指出，感性世界决不是某种开天辟地以来就直接存在的、始终如一的东西，而是工业和社会状况的产物，是历史的产物，是人类世世代代活动的结果。这样，马克思哲学运用具体的历史性的分析方法，以一种动态的思维方式和历史生成的视野审视社会发展的规律、分析人类困境的深层根源，在资本主义物质生产过程中通过对生产关系的生产和再生产的探讨，发现了资本主义剥削的秘密和人的解放的科学路径。

不难发现，马克思哲学历史批判理论智慧始终渗透着理性尺度，它在摈弃社会历史规律探求上的纯粹思辨范式和单纯道德谴责的同时，坚守了价值尺度和理性尺度的有机统一，从而使马克思哲学成为了“唯一比较能够贴切地呈现现代人在资本主义社会困境的理论武器”[27]，并在人类思想星空中发出最为耀眼的光芒。可见，价值尺度与理性尺度的最终统一是马克思哲学形成史的真实写照和内在品格，是马克思和恩格斯实现其哲学革命的显著特征。由于马克思哲学历史批判理论智慧始终渗透着理性尺度，那么，离开理性尺度和价值尺度相统一的分析视野，必然或陷入空想社会主义者那样进行“唯伦理批判”，或像德国古典哲学或青年黑格尔派那样停留于纯粹的哲学思辨，或像古典经济学家那样仅仅停留于缺少历史视野和现实生产关系线索的经济实证科学，这样我们是无法把握马克思哲学的基本原则和内在品格的，更不可能指导并促使社会发展走向真正的和谐进而实现人的真正解放。

就《德意志意识形态》所体现出的马克思哲学的基本精神，以及马克思哲学革命的复杂历程表明，着眼于理性尺度和价值尺度有机统一的历史分析，既立足于对人类价值理想的终极关切，又正视历史发展的现实过程，并特别强调现代化实践既是理性与价值冲突不断生成的过程，同时又是这种冲突不断消解的过程，从而在理性与价值的双重考察中达到对社会历史发展规律的合理把握[28]，这是马克思哲学考察人类社会发展规律和人类解放路径的基本原则。而站在当代视野之下，重新反思并审视马克思哲学革命，其更深层理论旨归无疑在于昭示我们，离开理性尺度和价值尺度相统一的分析视野，我们既无法把握马克思哲学的基本原则和内在品格，更不可能指导并促使社会发展走向真正的和谐进而实现人的真正解放，换言之，必须以理性和价值的双重视角来考察并拓展时代生活，这是马克思哲学走向当代的基本诉求。当前，继续推进改革开放、全面构建和谐社会已成为我国经济社会发展的重大主题，而用马克思哲学智慧指导这一伟大实践，就要求我们首先要坚守并拓展马克思哲学的价值维度，即要始终关注人的现实生存境遇，始终坚持对现实社会的批判反思，把一切工作的出发点和落脚点定位在实现社会主体——最广大劳动群众的根本利益之上，尤其要着力解决当代中国整体转型和全方位变革过程中出现的贫富差距、保障缺失、生态恶化等关涉人民群众切身利益的现实问题；其次，更要彰显并拓展马克思哲学的理性维度，科学地分析当前中国全面参与经济全球化所面临的新机遇与新挑战，深刻把握当前中国社会发展面临的新课题和新矛盾，用历史的方法审视现实社会关系的新变化，自觉地走科学发展道路，在发展过程中推进社会关系的逐步合理化，真正实现人和社会的全面和谐，唯其如此，我们才能在坚持、发展并创新马克思主义哲学过程中找到马克思哲学走向当代的有效路径。就此而言，我们尤要区分清楚马克思哲学与实用哲学之间的本质区别，特别要防止实用哲学对马克思哲学走向当代可能产生的不良后果，因为实用哲学强调只要根据社会需要把实践中出现的某些实际问题解决了，就自然是对马克思哲学的发展创新，这看似合理并很容易迷惑人，但实际上却背离了马克思哲学理性与价值有机统一的基本精神。比如，其一，它把经济发展作为唯一的发展目标，却忽视了经济、政治、社会、文化的全面发展，极易产生崇尚重物轻人、重生产轻民生、片面追求经济增长的唯 GDP 论；其二，它把单纯的物质指标作为发展的最终目的，实际上忽视了包括精神追求、境界提升以及道德实现在内的人的全面发展；其三，它追求发展目标的短期行为，用眼前利益代替长远利益，容易陷入资源、生态环境被人为破坏的能源恶耗式发展模式；其四，它不是通过社会关系合理化来从根本上解决人的解放问题，而容易从"唯劳动条件改善论"层面出发，仅仅停留在短期性改善弱势群体的生存条件等技术性问题上，等等，显然，这与马克思哲学通过现实社会关系合理化最终解决现实社会内在矛盾的基本精神是背道而驰的。忽视现实社会关系的合理发展而仅仅强调发展生产力并仅仅致力于 GDP 的增长，或者离开人的全面发展的价值关切和长远目标，不从根本体制和现实社会关系上解决现实中人的生存困境，而单纯致力于暂时的物质发展，这其实并不是对马克思哲学的真正发展，如果把马克思哲学变成脱离历史唯物主义基础的实用主义，那必然就会割裂理性尺度和价值尺度之间的有机统一，和谐社会构建的目标是不可能真正实现的。

（2）着眼现实社会关系合理化真正实现以人为本

致力于人的现实解放是马克思哲学的出发点，对人的自由及其实现的关注贯穿了马克思哲学探求的始终，这突出表现在，无论是马克思青年时期写下的《青年在选择职业时的考虑》，还是《博士论文》或《巴黎手稿》；无论是他思想成熟时期完成的《1857—1858 年经济学手稿》，还是《资本论》或《人类学笔记》，都无不饱含着对人类解放、自由和权利的执著追求，无不饱含着对人的生存状况的关注、对人的尊严与符合人性的生活条件的肯定，尤其是对无产阶级的深厚感情，一句话，无不洋溢着深厚的人文关怀。[29]

可见，人文关怀是马克思哲学的重要维度和基本品格。追溯马克思哲学的形成轨迹不难发现，马克思哲学虽然在对哲学本身的理解以及哲学探索的展开过程中，通过超越传统西方哲学而完成其哲学革命，但它却并未抛弃西方人文主义价值传统，但毋庸讳言，在人类思想史上把人的自由和解放作为自身主题的哲学家不乏其人，马克思哲学之所以真正超越了这些哲学流派，关键在于它以对人的本质的科学理解来获取现实的人的自由和解放的科学路径，进而真正实现了“以人为本”。“**人的**本质是人的**真正的社会联系**”[30]，早在青年时期马克思就意识到人的本质并非指人的自然的肉体的特质，因为自然界只能赋予人以肉体的存在，却无论如何也不能赋予人以不同的地位和价值，后者只有在社会生活中才能造成，“‘特殊的人格’的本质不是它的胡子、它的血液、它的抽象的肉体，而是它的**社会特质**”[31]。虽然此时马克思哲学指出了人的本质恰恰在于它的社会性，但仅仅在与自然生物属性相区分的层面来界定人的社会关系，它对社会关系的具体内容和再生产机制的分析尚不明晰。经过实践生活的历练和专业知识的积累，尤其是马克思哲学在对现实资本主义社会物质生产过程进行剖析过程中，对人的本质的理解逐渐明晰：“人的本质不是单个人所固有的抽象物，在其现实性上，它是一切社会关系的总和。”[32] 此时马克思哲学视域中的人，指的是处于现实中的、具体的、从事物质实践活动中的人，特别是在实践活动展开过程中承载了特定社会关系的人，由于有了对人的本质的科学理解，便使得马克思哲学更能从社会关系合理化视角来探讨人的解放的真正实现。这样，马克思哲学并没有去简单地批判呈现在资本主义社会表面的货币，而是从生产力和生产关系的矛盾运动抓住了分析社会发展规律的核心本质，着重探讨了“具体的生产关系是怎样伴随着物质成果的生产过程而获得生产和再生产的”[33]，由此揭示出使货币成为资本的这种特殊的资本主义生产关系的生成机制，通过对资本主义生产关系再生产的探讨，指出了资本不是物，而是一种关系，“而且**只能是生产关系**”[34]，进而科学揭示出了资本主义社会内在矛盾的内在根源——剩余价值，以及人类解放的关键——现实社会关系的合理化。由此看来，马克思哲学视域中的以人为本，实际上着眼于人的主体地位的彰显和“人的全面发展”的真正实现，它把具体的、现实中的并承载特定社会关系的个人而非简单抽象的“人民”作为理论对象，认为只有这样才能实现对现实社会矛盾之产生根源的把握，才能真正在生成和发展过程中通过推进社会关系的合理化来实现人的真正解放，它摒弃了传统西方哲学以抽象理性或绝对精神界定人的本质而获得发展和解放路径的哲学运思方式，为人的解放找到了真正科学的实现路径。马克思和恩格斯用先进理论教育工人阶级，唤醒其革命意识和解放意识，并使其使命薪传，激励他们走上自己的政治与社会解放之路，其目的就是要让像在地狱一般的历史黑夜中的工人阶级意识到，社会关系不合理才是他们处于奴役状态的深层根源。也正是以严谨的科学态度、缜密的理性分析和深厚的人文底蕴作支撑，才使马克思哲学破解了人类社会发展的历史之谜，解决了其他哲学流派在人的解放问题上长期陷入的理论困境，从而使其鲜明的政治原则和立场扎根于广大人民群众之中并得到了他们真心实意的拥护和认同。

实现以人为本是新的历史时期马克思哲学走向当代的重大课题，通过上述分析可清楚地看到，实现这一目标的核心和关键显然就取决于能否真正实现社会关系的合理化。而在现实社会生活中由于人们缺少对马克思和恩格斯“以人为本”的全面了解，结果常常把人的发展和自由的实现等同于单纯的经济发展，又把市场经济理解为效益经济或“唯生产力论”，前者认为，市场经济就是效益经济、金钱经济，经济指标和 GDP 成了衡量市场经济成功与否的核心标尺，金钱成了唯一的价值杠杆，公平等问题被逐步推向了边缘，其结果却带来了现实生活中的拜金主义、贫富差距、生态恶化等人和社会的片面发展现象；后者把发展生产力当作中国现代化的全部内容，导致了当代中国人文精神建设的匮乏，甚至使人变成了“物”的奴隶，这样显然不可能推进社会关系合理化进而实现人的真正解放，更与马克思哲学的基本精神南辕北辙。在这方面，以秩序和进步为两根主要支柱的所谓的西方理性化社会走过的弯路尤应给我们以警示，在西方发达工业国家积极地向所谓的工业化迈进的过程中，坚持一切以经济或科技的标准作为最高指导原则，“增长不仅成为经济的鹄的，也变成社会与人文领域的共同目标”[35]，结果却导致了工业化社会单向度发展所带来的一系列问题与矛盾，带来了西方现代个人深层及普遍的生存焦虑与困境，这正如摩林（Edgar Morin）所指出的，工业社会以科技与经济挂帅的意识形态丧失了它原有的魅力。科学的发展、技术的进步、经济的增长、都市化的增加、教育的延长……等，这些曾被视为是绝对进步的象征，如今突然显露出一种反动的面貌。[36] 来自发达国家内部对进步概念的质疑，也充分表明如不注重社会关系合理化问题，单纯科技化、效率化的生活仍然会带来无止境的压迫与精神的异化。西方现代个人深层及普遍的生存状态表明，随着时间的推移，西方发达资本主义社会并没有真正解决社会矛盾和人的异化问题，只不过是转移了空间和领域，新的问题又暴露了出来，比如，人性的异化在资本主义初期工业化的阶段，其主要冲突的场域是在工厂以及整个劳动的关系之中，而在现在所谓的消费社会里，问题的主要症结从生产转向消费时，文化的层面的矛盾和异化则格外凸显。西方发达资本主义社会之所以没有真正解决社会矛盾和人的异化问题，其深层原因仍是未能（也不可能）真正解决社会关系合理化这一问题而造成的。

由是观之，在当前中国社会进入全方位的历史转型时期，我们尤要重视阶级阶层出现的新变化，如果不从社会关系的角度去理解

“以人为本”中的人，不从社会关系合理与否的角度反观人的生存状况，而仅仅从抽象的共性去界定人，甚至把人和社会的发展等同于单纯的物质增长，这必将导致社会生活中许多人应得的合法权益得不到基本保障，社会生活中群体间和个人间的诸多矛盾与冲突也将得不到彻底解决。如果不深入当前社会生活内部去寻找解决现实社会关系合理化的方法，而从现实社会生活之外致力于抽象的理论完善，就不可能真正实现社会关系的合理化，马克思哲学走向当代就将变成远离实际的隔靴搔痒，无法完成其推进人的全面发展和社会进步的重大使命。所以说，深深植根于现实中国社会变革之中，用马克思哲学的方法拓展马克思哲学的理论和实践维度，真正实现以人为本，其核心就是致力于真正解决现实社会关系合理化这一时代课题，这就意味着，在改革实践过程中，着力发展社会事业、完善收入分配制度，保障和改善民生，走共同富裕之路，让绝大多数群众真正享受到社会发展的成果，确保教育公平和就业机会平等，实现医疗住房等保险福利以及弱势群体切身利益的保障，等等，其实就并非无关宏旨的边缘话题，却恰恰应成为马克思哲学走向当代的题中应有之义。尤其是，在某些地方个别领导干部以“发展”为借口，漠视弱者权利、牺牲环境资源、纵容不公正获利，甚至不惜以牺牲一个阶层（往往是弱势群体）的利益去满足另一个阶层（群体）的利益，这显然已经是对马克思哲学基本精神的粗暴践踏了。可见，马克思哲学走向当代，就必须着眼于经济、社会、政治、文化以及生态等各个方面的协调发展和良性互动，在利用商品货币关系的同时，应时刻关注现实社会关系的变化规律，尤其要切实处理好效率与公平的辩证关系，因为效率与公平是政治生活中的永恒主题，而在马克思哲学看来，这两者应该始终呈现有机统一的内在关系，效益的提高必须建立在公平的基础之上，没有效益的公平是粗陋的社会主义，而没有公平的效益必然导致社会关系不合理和人的异化，这就要求我们把提高效率同实现社会公平真正结合起来，既要高度重视通过提高效率来促进发展，又要高度重视在经济发展的基础上，通过实现社会公平来促进社会和谐；既要注重经济总量指标的增长，又要注重经济和社会的全面协调发展并重；既要注重解决社会活力和效率问题，又要注重城乡、地区和不同社会阶层之间利益差别协调并重，实现公平、公正和共同富裕，这样才能解决人民最关心、最直接、最现实的利益问题这一重点，进而做到社会关系合理化而实现马克思哲学视域中的“以人为本”。

（3）面向现实实践发展创新马克思哲学

超越精神哲学和思辨哲学、把哲学植根于现实的个人所从事的现实实践过程，马克思和恩格斯在《德意志意识形态》中实现的哲学革命，是创立历史唯物主义的关键一步。精神哲学和思辨哲学作为传统西方哲学的主流，肇始自古希腊哲学传统，古希腊哲学家把人与自然区别开来，认为只有认识自然才能驾驭自然，使得他们的哲学出发点体现在对本原问题的探寻上，并始终把对本体的追寻作为自己哲学努力的重心，从“素朴的物性论哲学”（泰勒斯的“水”、赫拉克利特的“火”、阿那克西曼德的“气”，以及阿那克萨哥拉的“种子”）到“原始唯心论哲学”（巴门尼德的“存在”、柏拉图的“理念”、普罗提诺的“太一”），古希腊哲学的演进与深化均表现为一种从经验现实到超验本体的提升历程，形成了本体与生活世界、人与自然界之间的二元两分的张力结构，其中抽象的理念本体逐渐被推崇到至尊地位，相应地人的现实生活实践则被淡化甚至被遗忘了，导致的结果便是，因为未能真正找到抽象本体与具体生活现实的合理关系，而最终使自己的哲学理解陷入了“独断论”[37]，这种作为阐释本体的“哲学”深深影响了此后西方哲学的发展，使得西方哲学这一“知识论”传统，始终强调文明的进步须建立在对存在本体的概念的把握之上，只有在概念的思维中，我们才有关于存在的真理。"意识在任何时候都只能是被意识到了的存在，而人们的存在就是他们的现实生活过程。"[38] 马克思和恩格斯在《德意志意识形态》中多次阐明西方哲学传统的内在矛盾和缺陷，明确指出："变革的**观念**已经表述过千百次，但这对于实际发展没有任何意义。"[39] "人应该在实践中证明自己思维的真理性。"[40]

在思辨终止的地方，在现实生活面前，正是马克思哲学建树的起点，马克思哲学把"对象、现实、感性""当做**感性的人的活动**，当做**实践**去理解"，[41] 认为"全部社会生活在本质上是**实践的**"[42]。"不是意识决定生活，而是生活决定意识"[43]，因此马克思强调指出："我们的出发点是从事实际活动的人，而且从他们的现实生活过程中还可以描绘出这一生活过程在意识形态上的反射和反响的发展。"[44] 马克思哲学坚持现实生活高于抽象知识，强调抽象理论须以现实生活作为自身生成的根基，指出"对**实践的**唯物主义者即**共产主义者**来说，全部问题都在于使现存世界革命化，实际地反对并改变现存的事物"[45]，为此它着重考察了"在一定条件下进行的发展过程中的人"[46] 的能动的实践过程，通过回归现实实践完成了对传统哲学主客二元对立模式的辩证扬弃，因而真正把握住了人们的现实存在。马克思哲学革命实现了思维方式的变革——以实践哲学取代精神哲学；以关系性、生成性的思维方式取代那种本质主义和还原主义的实体性思维方式；以创造性思维方式取代静止僵化的思维方式，使得在传统西方知识论哲学中感性与理性处于分裂状态的人达到了统一而成为了完整的人，进而使马克思哲学对人的本质、人的解放等一系列问题的科学阐释获得了坚实的前提。由此可知，马克思哲学认为只有从人的现实实践出发，我们才不至于陷入既定的僵化不变的思维定式，不至于陷入思辨哲学的泥淖，我们的理论才有可能真正全面地表达、指导并影响时代与生活。

哲学是时代精神的精华，但哲学却是从现实生活中生长出来的，

日本学者广松涉编注的《文献学语境中的〈德意志意识形态〉》中译本（2005 年版）封面

现实社会实践是马克思哲学生成的基石。在实践中发展马克思哲学，用发展着的马克思主义指导新的实践，就要求我们必须深深植根于现实社会实践过程之中。换言之，马克思哲学走向当代，就意味着在真实的现实变革中实现理论创新与实践推进的良性互动。深化马克思哲学研究、使马克思哲学走向当代，就必须站在中国社会变革的真实大地之上，探求现实社会发展规律的新变化。当前中国面临着从计划体制向市场体制、从农业社会向工业社会、从乡村社会向城镇社会、从封闭社会向开放社会、从同质性社会向多样性社会以及从伦理型社会向法理型社会转型的复杂的现实境遇，这些不同文明形态的集结呈现导致了发展的一般规律与特殊历史环境之间的张力，使得中国当前的社会发展呈现出历时性问题的共时性承受这一总体特征。马克思哲学走向当代，就必须在真实的现实变革中寻求自身发展的新的生长点。比如，我们要看到，中国已经融入世界现代化进程之中而不再可能孤立地发展因而必须积极应对，同时更要看到，资本逻辑的扩张正在渗透到社会生活的各个领域，如何防止西方世界曾出现的贫富差距、拜金主义以及人被金钱所奴役等现代性灾难，无疑更是当前马克思哲学必须要解决的重大课题。马克思哲学必须面向现实实践才能使其自身走向当代，就马克思哲学研究本身而言我们还要做到以下几点：

其一，文本研究必须与现实问题研究相结合。马克思哲学是对现实生命的尊重、关怀和指引，是对现实的人的解放的科学探求，是实践哲学而不是理论哲学，更不是写进教科书的公理或教条。近些年来中国马克思哲学研究学界强调要具有时代意识和方法自觉，通过文本学—文献学研究在相关领域作出自己独立的学术判断和理论创新，以消除此前长期依赖苏联学界研究成果而在研究和理解上所形成的时代局限，进而去除传统理解范式对马克思哲学智慧的遮蔽，这无疑适应了现实实践的需要。但如上所言，马克思哲学是在植根真实的生活过程中从形而上学理性思辨中走出来，并实现自身哲学的革命性变革的。故须强调指出，对马克思哲学进行文本学解读的主要目的，在于发掘出对当今社会发展具有启示意义的活的马克思哲学精神，这就要求我们还须具有真正的时代问题意识和深厚的现实关切。所以，在文本研究与现实问题结合中彰显马克思哲学的时代意义才是当前马克思哲学研究的题中应有之义。如果离开对现实生活和时代问题的关注，离开人的现实生存状况而致力于纯粹的文本研究，仅仅为追求学术而研究而学术，就容易迷失马克思哲学文本研究的真实旨归，反而不容易把握其基本精神和活的智慧。当然我们更反对不注重学术研究规律而纯粹刻意地去表现生活、乃至牵强地联系现实这种意义上的马克思哲学发展模式，比如，依然按照教科书理解范式去进行“原理＋论证”式的所谓联系现实，它又会陷入对马克思哲学的另一种形式的形而上学解读，而成为马克思哲学走向当代的思想阻力。

其二，要避免把马克思哲学及其发展演变成一种纯粹的“哲思”。社会生活的变革归根到底是生产方式的变革，既没有直接的社会，也没有直接的生活，马克思哲学经历了一个不断成熟的复杂的发展过程，这一过程始终伴随着马克思和恩格斯对现实社会生活在本质层面上的剖析的不断深化。直接面向鲜活的现实实践，这是发展马克思哲学的基本前提，那种认为只有始源性问题的研究才是哲学，进而或强调领悟而转向对人本身的研究，或把哲学的发展进步撇开不谈，这将导致学术研究的思想性（纯粹理论思想）越来越强，而社会责任感却越来越弱，也将偏离马克思哲学的内在精神。但反过来从哲学形而上学的价值预设出发去审视和研究人的现实生活实践，也无法推进马克思哲学走向当代。而以马克思哲学特有的批判智慧和内在力量，在理论层面上推进对现实社会历史发展规律的深刻剖析，才能真正拓展马克思哲学的理论和实践向度。

当前，世界正在发生广泛而深刻的变化，中国也正在发生广泛而深刻的变革，处于全方位历史转型时期，高举中国特色社会主义伟大旗帜，全面建设和谐社会，已成为我们国家的长期战略。可以说，在伟大的改革实践过程中，机遇与挑战同时并存，新的问题将不断出现，而坚持并发展马克思主义哲学，就要求我们在真正把握马克思主义哲学基本精神的活的灵魂的基础上，始终站在时代前沿，用马克思主义的方法论和价值观，而不是用它的个别条条或个别理论，去观察和分析当代世界特别是当代中国社会转型期所面临的重大理论和现实问题。而以历史唯物主义的基本原则来考察时代生活，指导新的实践，就要求我们以当代社会生活实际展开的逻辑为底蕴，站在 21 世纪思想发展的制高点上面向世界历史发展，以马克思哲学革命中所呈现出来的哲学智慧来启迪、指导当代中国社会发展，在解决公正、公平、自由以及社会关系合理化等重大时代问题的过程中，完成马克思哲学自身的历史使命，这才是构建和谐社会的必由之路。就此而言，《德意志意识形态》中所体现出的马克思主义哲学的基本精神，毫无疑问应成为当前中国社会发展所不可或缺的思想资源。

【本章注释】

[1]《马克思恩格斯文集》第 3 卷，人民出版社 2009 年版，第 602 页。

[2]《马克思恩格斯文集》第 1 卷，人民出版社 2009 年版，第 506 页。

[3]《马克思恩格斯文集》第 1 卷，人民出版社 2009 年版，第 511 页。

[4]《马克思恩格斯文集》第1卷，人民出版社2009年版，第545页。

[5]《马克思恩格斯文集》第2卷，人民出版社2009年版，第591页。

[6]《马克思恩格斯文集》第1卷，人民出版社2009年版，第525页。

[7] [英] 戴维·麦克莱伦：《卡尔·马克思传》(第3版)，王珍译，中国人民大学出版社2005年版，第141页—第142页。

[8]《马克思恩格斯文集》第1卷，人民出版社2009年版，第541页—第542页。

[9] [德] 奥特弗里德·赫费：《康德：生平、著作与影响》，郑伊倩译，人民出版社2007年版，第225页。

[10]《马克思恩格斯全集》第3卷，人民出版社2002年版，第520页。

[11] [英] 尼古拉斯·布宁、余纪元编著：《西方哲学英汉对照辞典》，王柯平等译，人民出版社2001年版，第754页—第755页。

[12]《马克思恩格斯文集》第1卷，人民出版社2009年版，第527页。

[13]《马克思恩格斯全集》第3卷，人民出版社2002年版，第517页。

[14]《马克思恩格斯全集》第3卷，人民出版社2002年版，第520页。

[15]《马克思恩格斯全集》第3卷，人民出版社2002年版，第520页。

[16]《马克思恩格斯全集》第3卷，人民出版社2002年版，第517页。

[17]《马克思恩格斯全集》第3卷，人民出版社2002年版，第520页。

[18]《马克思恩格斯全集》第1卷，人民出版社1956年版，注释，第733页。

[19]《马克思恩格斯全集》第1卷，人民出版社1995年版，第459页。

[20]《马克思恩格斯全集》第1卷，人民出版社1995年版，第248页。

[21]《马克思恩格斯全集》第44卷，人民出版社2001年版，第871页。

[22] [意] 安琪楼·夸特罗其、[英] 汤姆·奈仁：《法国1968：终结的开始》，赵刚译，生活·读书·新知三联书店2001年版，第23页—第24页。

[23] [德] 马克思：《1844年经济学哲学手稿》，人民出版社2000年版，第181页。

[24] 胡为雄：《新中国第一本马克思主义哲学教科书》下，《学习时报》2007年12月3日第3版。

[25]《马克思恩格斯文集》第 1 卷，人民出版社 2009 年版，第 527 页。

[26]《马克思恩格斯文集》第 1 卷，人民出版社 2009 年版，第 531 页。

[27]［意］安琪楼·夸特罗其、［英］汤姆·奈仁：《法国 1968：终结的开始》，赵刚译，生活·读书·新知三联书店 2001 年版，第 20 页。

[28] 邹广文：《马克思的现代性视野及其当代启示》，《中国人民大学学报》2004 年第 5 期。

[29] 邹广文：《当代文化哲学》，人民出版社 2007 年版，总序。

[30] 马克思：《1844 年经济学哲学手稿》，人民出版社 2000 年版，第 170 页。

[31]《马克思恩格斯全集》第 3 卷，人民出版社 2002 年版，第 29 页。

[32]《马克思恩格斯文集》第 1 卷，人民出版社 2009 年版，第 501 页。

[33] 唐正东：《斯密到马克思——经济哲学方法的历史性诠释》，南京大学出版社 2002 年版，第 388 页。

[34]《马克思恩格斯全集》第 30 卷，人民出版社 1995 年版，第 510 页。

[35]［意］安琪楼·夸特罗其、［英］汤姆·奈仁：《法国 1968：终结的开始》，赵刚译，生活·读书·新知三联书店 2001 年版，第 14 页。

[36]［意］安琪楼·夸特罗其、［英］汤姆·奈仁：《法国 1968：终结的开始》，赵刚译，生活·读书·新知三联书店 2001 年版，第 19 页。

[37] 邹广文：《当代文化哲学建构的中国资源》，《学术月刊》2008 年第 10 期。

[38]《马克思恩格斯文集》第 1 卷，人民出版社 2009 年版，第 525 页。

[39]《马克思恩格斯文集》第 1 卷，人民出版社 2009 年版，第 545 页。

[40]《马克思恩格斯文集》第 1 卷，人民出版社 2009 年版，第 500 页。

[41]《马克思恩格斯文集》第 1 卷，人民出版社 2009 年版，第 499 页。

[42]《马克思恩格斯文集》第 1 卷，人民出版社 2009 年版，第 501 页。

[43]《马克思恩格斯文集》第 1 卷，人民出版社 2009 年版，第 525 页。

[44]《马克思恩格斯文集》第 1 卷，人民出版社 2009 年版，第 525 页。

[45]《马克思恩格斯文集》第 1 卷，人民出版社 2009 年版，第 527 页。

[46]《马克思恩格斯文集》第 1 卷，人民出版社 2009 年版，第 525 页。

附录：

历史唯物主义的超越对象与超越路径

——《德意志意识形态》“费尔巴哈”章的深层理路再解读

哲学是对关乎人类自身生存命运的最大、最普遍问题的深沉反思，尽管这些问题在不同时期的表现形式以及哲学家们的思考路径各异，但总有一些基础哲学问题始终在场并要求我们予以持续回应，历史问题便是其中之一。究其原因或许在于：其一，人是时间—历史性存在，正因为每个人自然生存时间的有限性，“大自然仅仅给他规定了一个短暂的生命期限”[1]，人才被赋予了意义和价值属性；其二，正如海德格尔所言，“时间的越出性使此在之特殊的跨越性即超越，从而也使世界成为可能”[2]，只有人才能在时间的越出与跨越中构成人的“越出自身”的特性，进而在历史—时间展开过程中确证和实现自身的意义；其三，人类社会所面临的各种奴役、压迫、剥削和不公，是在历史展开中既有其产生根源又将在历史发展中予以消解的历史性问题。换言之，古今中外人类所保有的美好价值目标都表现为一个尚未完成的存在，它需要假以时间的绵延过程才能臻于完善和实现。因此，能否真正揭示历史问题的实质进而对人们的现实生活予以正确启迪，便构成了关乎人类未来前途命运的大问题。在人类思想史上产生重大影响的马克思哲学的核心内容就表现为其历史哲学，即在继承并超越前人基础上而诞生的历史唯物主义智慧。历史唯物主义的出场与生成之所以产生并将继续产生重大的理论和实践效应，其原因也主要在于：其一，马克思恩格斯始终把自由及其实现这一人类哲学史上的“存在论—本体论问题”[3]放在历史规律中去寻求，彻底消解了历史不可知论及其危害；其二，马克思恩格斯在人类历史发展规律的探讨上实现了范式转换与逻辑超越，突破了传统西方观念论哲学或者通过神学教义与经验表象进而诉诸信仰启示，或者在思想、观念层面强调纯粹逻辑演绎与逻辑自洽进而诉诸理性自觉，以最终通过由“是”向“应该”的回归来化解“自由与必然的矛盾”之理论内在局限，而是主张以现实力量在改变世界的历史实践中真正弥合“是”与“应然”之间的鸿沟。因而探讨历史唯物主义的批判对象与超越路径，无疑构成了把握马克思哲学本真精神及其当代性的必要环节。

一 历史唯物主义的超越对象：传统西方五种代表性历史观及其理路

历史问题是关乎人类生存的重大哲学问题，在西方哲学史上无论从柏拉图到黑格尔的理性主义传统，还是犹太—基督教传统以及费尔巴哈的人本学唯物主义传统，诸多重要哲学流派都对历史问题有着详细的探讨，其思考成果既构成了历史唯物主义出场的继承对象，更构成了其生成和奠基的超越对象。如果不去梳理分析传统西方历史观，即使我们能够把握历史唯物主义的部分特征，也很难进入其思想深处进而把握其实质精髓。西方传统历史观及其理路则主要在以下五个方面集中呈现出来。

其一，历史怀疑主义与历史不可知论。在西方哲学发展史上，尽管以基督教和黑格尔哲学为代表的历史可知论始终占据主流，但仍有一些学派从人的动机决定历史出发，指出“动机决定行动的各种方式都是不确定的；因为个体所具有的关于他自己的动机的知识都是不确定的，更不要说其他人对于这样的动机的知识了。人们不可能适当地弄清楚，自私自利、野心勃勃、权力欲或者虚荣心，对于具有决定性重要意义的行动来说究竟可以作出什么贡献。即使那些口头表述或者以著述的形式存在的各种陈述，也都仍然是可以加以置疑的”[4]，因此认为真正的历史及其规律是不可知的。另一些学派从历史由历史事件构成出发，认为一来我们通常所说的发生在过去的历史事件本身其实并不可靠，二来这些事件之间的所谓联系也是后人主观建构的结果，因此人类历史既然由毫无联系且并不具客观性的历史事件组成，所以它只能表现为仅仅是杂乱无章的“过去”。还有一些流派从历史研究基于历史文献出发，指出历史文献可能既不真实也不完全，它不可能对过去发生的历史事件提供精确无误的重建，同时在分析这些文献时历史学家也不可能持完全中立的立场，总是带有一系列的见识、倾向和偏见，这都会限制和歪曲历史研究并使其成为可能[5]，因此历史并不具客观性，而所谓的历史的规律和本质到底是什么，当然对我们而言也是不可知的。历史不可知论的后果在于其必然导致历史宿命论，即人在历史面前将变得无能为力，只能听从不可预测的历史命运的摆布，仿佛只能成为一个随波逐流的流水浮萍或外在于历史命运而被任意牵动的木偶，从而导致历史主体性的遮蔽与缺失。

其二，基于当下需要选择历史材料并解释其意义的现实主义历史观。不满足于历史怀疑主义，而是提出历史是现实人类的“过去”，过去的历史事件固然存在，历史规律的探讨也离不开这些经验材料的支撑，但在这些浩如烟海的历史事件中选择哪些作为历史研究的对象以及如何解读这些历史对象，现实主义历史则认为其根据只能出于当前社会生活的需要。因为他们认为，过去的历史事件只有和当前的视阈相重合的时候才能为人所理解，也只有那些对当前社会发展仍能呈现出其意义并发挥作用的历史事件，才能以某种方式存在于当下生活进而进入今人的视阈并构成当今历史探讨的内容。因此当下社会生活的需求才是历史事件选择及其意义解释乃至探寻历史及其规律的标尺，历史研究实际上变成了以当前的视域开拓出过去历史事件意义的过程。对这种历史流派的本质特征，克罗齐曾以“一切历史都是当代史”来指认；而对这种赋予一切历史以当代性的历史观，伽达默尔曾概括为“历史理解的真正对象不是事件，而是事件的‘意义’”[6]。由于把历史规律探求理解为从当代看过去，从现在的需要出发对过去历史事件进行选择与解释，其结果则是因不同的人或群体始终有着有不同的需要，进而必然会产生不同的解读视角，那么也就不存在什么揭示与把握历史的全面性和客观性，因此所谓客观的历史规律自然将是不存在的。柯林武德曾指出现实主义历史的唯心主义性质：“历史就是活着的心灵的自我认识。……历史仅仅是作为一种现在的兴趣和研究而活在历史学家的心灵之中。”[7] 由于无视历史的现实物质基础和客观维度，该种从现实需要出发解读历史的现实主义历史最终必将滑向历史不可知论。

其三，神学唯心史观。有学者认为真正将历史维度引入哲学并承认历史具有规律性，则始自犹太—基督教传统。在基督教还未与古希腊哲学相遇之前，古希腊人和古罗马人尚没有自觉地把历史当作自我理解、自我定位以及理解生活与世界的一个基本维度，对于他们来说存在的意义不在历史当中而在宇宙里面，宇宙论成了人们理解自己在这个世界上的位置和意义的根据，而关于历史人们则基本上都陷于某种循环论想像。[8] 基督教关于上帝从无中创造世界，到人类凭自己的意志事件而开始尘世生活，再到世界末日的来临、全人类的复活与上帝审判使信神者进入永生等教义内容，实际上确立起了一个完整的历史图景，以此系统地回答了历史的起源、历史的本质、历史的主体、历史的目的与希望，进而借以理解和安置人自身的存在意义[9]，它不但真正告别了循环史观，更对此后西方文化传统理解世界时注入历史生成维度提供了典范。当然基督教史观是从对超自然的神——上帝开始，把上帝作为现实物质世界、所有历史事件和客观历史规律的决定者，现实物质生活也仅仅是上帝开创其历史过程的结果，历史的未来也始终由上帝所主宰的历史规律来决定，因而在神学史观中人在上帝面前只能成为被动的信仰者。

其四，以康德—黑格尔为代表的先验理性史观。不满足于基督教神学史观对历史规律性的解读，在西方哲学史上对历史问题进行了系统理性建构，并构成马克思哲学重要超越对象的另一种唯心史观，则表现为以康德—黑格尔哲学为代表的先验理性史观，其特质表现在把历史看作是先验理性或绝对精神自我运动的过程并以此来解释历史的本质。康德虽然认为从神学出发将遮蔽人的主体性，而主宰经验历史背后的自在之物又不可知，因而不从神学或经验出发寻找历史的依据，却诉诸普遍的理性王国来化解历史的自由与必然之矛盾，从正义和真理、自由和平等以及天赋人权等先验理性原则出发进而“把历史的发展单纯归结为理性原则自我实现的过程”[10]；黑格尔认为“理性”是世界的主宰，世界历史因此是一种合理的过程[11]，明确指出康德所谓的主宰经验历史背后的自在之物并非不可知，历史规律也不由上帝所主宰，却从精神的运动过程之中来探寻历史的规律性及其可知性的真谛，指出历史的发展是一种精神活动的发展，是精神的理想的实现，“‘精神’在本性上不是给偶然事故任意摆布的，它却是万物的绝对的决定者。它全然不被偶然事故所动摇，而且它还利用它们、支配它们”[12]，也就是说，历史是由经验之外的先验绝对精神的自身矛盾运动所外化为自然、社会、精神的过程，人类美好未来的实现则主要依靠对绝对精神辩证发展过程的正确认识，这显然同样把人的现实实践—物质生产活动置于边缘地位，而把历史看成了无人身的理性自身运动的过程。

其五，费尔巴哈基于人的感性存在本质而形成的人本学唯心史观。指明基督教从上帝、黑格尔哲学从绝对理念出发来把握世界和历史的荒谬性，并通过弘扬自然界和人的地位在西方思想史上首先系统恢复唯物主义权威，进而构成历史唯物主义生成最后超越环节的重大思想流派就是费尔巴哈的人本学唯物主义。费尔巴哈基于感性的自然离开意识而独立存在，人的存在离不开自然界的物质前提，而把人理解为自然界中特殊的、有意识的感性存在物——“现实的人”，人的本质被规定为外在对象的性质[13]，它体现为自然存在和自然属性意义上的男女之情欲、意志、理性、情感等等，说什么“在人里面形成类、即形成本来的人性的东西究竟是什么呢？就是理性、意志、心。……理性、爱、意志力，这就是完善性，这就是最高的力，这就是作为人底绝对本质，就是人生存的目的”[14]，由此出发他把利己主义活动和爱看作是人的本性的表现，把人与人之间包括爱情、友谊、同情心等情感在内的任何联系都加以永恒化[15]，因而在历史发展上指出“人类的各个时期的彼此不同，仅仅是由于宗教上的变迁。某一历史运动，仅在它深入人心的时候，才会达到自己的深处。心不是宗教的某种形式，因而说宗教也应当在心中；心乃是宗教的本质”[16]，也即整个人类历史是“人的本质”、“人性”的自我异化及其克服的过程，历史的变迁仅仅由于宗教的变迁，所谓人心固有的永恒的宗教感情是社会历史发展的动力。[17] 由于费尔巴哈对现实社会的批判只是从对宗教的批判中延伸出来的，他认为现实社会的利己的、非自由的、非人的现实的出现都是由于基督教造成的，因为基督教把自然当做为我所用之物来看待[18]，因而提出“新哲学建立在爱的真理上，感觉的真理上”[19]，对历史的未来则以为以爱的宗教来超越基督教神学就可以化解现实社会矛盾，换言之，寄希望于精神的变革，通过在观念和思维领域中颠覆基督教的残余，用基于自然人性进而凸显“人”的地位的“爱的宗教”取代凸显“神”的地位的基督教，通过由基督教向爱的宗教回归的宗教精神的变化过程就可以达到对现实世界的改造并实现人的现实解放，即“在思维领域中把神学转变为人类学——这等于在实践和生活领域中把君主政体转变为共和国”[20]。可见，从感性出发的唯物主义在历史观上重新陷入了对历史发展规律的抽象化理解。

二　马克思哲学的实践品格及其对传统西方历史观内在局限的揭示

马克思历史唯物主义的最高价值诉求，就是期盼一个能够真正实现人的自由与全面发展的新社会形态的到来，让资本主义社会这个因为从商品拜物教到货币、资本拜物教的泛滥所导致的“着了魔的颠倒的世界”[21]再颠倒过来，彻底使无产阶级乃至全人类免于剥削、奴役和压迫，真正实现人本身的活动对人来说不再成为一种异己的与自身相对立的力量。在马克思恩格斯看来实现这样重大的时代使命，传统西方历史观无疑是难以胜任的，因为它们或者否认历史发展的规律性与可知性，或者承认历史规律性但却从先验的理性范畴、意识、观念或“神”出发展开历史的探究，实际上并不了解人类全部社会生活的“实践”本质[22]，看不到“现实的、感性的活动本身”[23]对人类历史的前提意义，无法真正进入历史本质及历史的深处，更不能找到现实中人的自由实现的可行路径，因而从现实社会实践对人类历史的意义出发分析传统历史观的种种理论误区，是马克思恩格斯开启新的历史观的前提性条件。

其一，针对历史不可知论的认识误区。马克思恩格斯明确指出“历史不过是追求着自己目的的人的活动而已”[24]，也即历史是由现实的、活生生的人为追寻自身的目的而展开的能动过程，在参与历史创造的过程中，每一个人都是他们本身的历史剧的剧作者和剧中人。[25]一方面，作为历史的主体，人具有主体的目的性和自觉性，即都在基于自身的目的而自觉能动地参与历史的创造，在其展开历史的过程中保有对历史的价值与意义的自觉观照。另一方面，人也作为历史的客体，历史不以某个人的意志为转移，马克思将“经济的社会形态的发展理解为一种自然史的过程”[26]，指出历史是以一定客观规律发展的现实过程，具有超越人的主观意志的规定。人的伟大就在于可以通过自身的主体性去认识并顺应这一规律从而使其为人类服务。因此人类历史的发展就表现为“合目的性”与“合规律性”的统一，它始终在谋求“历史规律”与“主体自觉”的契合，而那种认为历史不可知的观点，实际上是对规律客观性和人的主体性的双重漠视。

其二，针对以柏拉图—康德—黑格尔理性主义谱系为代表的先验理性史观，以及以基督教为代表的神学唯心史观。马克思恩格斯指出人作为一个完整复杂的生命体，其面对的生活世界是一个活生生的完整世界，而柏拉图却将其界划出理念与现实两个割裂的部分并把前者作为理解世界的根据，进而诉诸现实向理念的回归来达到善。康德把自由、德性等问题从经验中孤立出来试图进行先验逻辑上的自洽，进而诉诸个人的理性自觉达到个人的自我改变，以此来解决现实中出现的异化问题，其理论实际上变成了“法国革命的德国理论”，原因在于他割裂了理论和利益之间的关系，没有看到这些自由主义理论的基础恰恰在于物质利益和由物质生产关系所决定的意志[27]，其结果只能停留在把这种意志变成纯粹思想上的概念规定和道德假设层面。黑格尔则试图把自在的理念转变为主宰一切的自为的绝对理念，通过对绝对理念自我运动的自觉体认来实现人的自由与全面发展，这只能是历史运动的思辨表达，只能抽象地发展思维的能动方面。基督教则通过预设超自然的神的存在并诉诸人的虔诚信仰来实现人的自由发展，也只能限于“空洞的、实际上毫无实效的道德说教”[28]。上述种种唯心史观都必将导致自身的重大理论悖谬以及面对现实时的困境：一方面，其思维范式体现了思考前提上的非现实性和先验预设性，表现在其诉诸“撇开现实条件的本末倒置的做法”，没有看到现实中的个人是屈从于分工的个人，而是预设了一个理想状态的应然之“人”，把这一应然之“人”看作追寻的目标和历史的动力，然后把历史发展看成是这一应然之“人”的自我异化过程，以此再强加于迄今每一历史阶段中所存在的个人。[29]其结果是，这种对历史的探讨不可避免地消除了历史发展中的全部物质因素，而任由理性、精神、观念自身进行自由遨游，它所涉及的就不是作为主体的人的现实的历史，而只是思想、精神和观念的历史，因而显然不能破解历史规律的秘密。另一方面，先验唯心史观在对现实社会的改造方面必将陷入尴尬的境地，即离开了对现实社会生产力的发展过程及其社会关系的调整，而仅仅诉诸观念、精神变革或对神的信仰，那么"尽管这种变革的观念已经表述过千百次，但这对于实际发展没有任何意义"[30]，它只能陷入脱离现实的"应然"预设而走到自身价值目标实现的反面。

其三，针对费尔巴哈从人的自然属性出发而形成的人本学唯心史观。马克思恩格斯指出，费尔巴哈虽然在克服旧哲学方面迈出了重要一步，但他认为只要以人的现实感性来取代神性和思辨性，就可以彻底驳倒基督教神学和黑格尔思辨哲学。这也导致其理论存在着重大局限，突出表现在费尔巴哈仍然没能跳出思维与存在二元分割思维范式的窠臼，只是停留在"从客体的或者直观的形式去理解"[31]外部客观世界，把它看作是与人的实践活动无关的，在人之外存在的只能以直观的方式去认识、观察和思考的孤立的感性客体。因为不能把人的活动理解为实践活动，看不到人与世界的关系是以实践活动为中介的相互制约、相互生成的过程，外部世界作为人的实践活动对象的同时也制约着人的实践活动，由此他只能把人理解为自然存在，对实践也主要从人的生理活动以及由此产生的利己主义活动去理解。特别是，人的实践维度的缺失导致费尔巴哈眼里的世界必然就只能是一个缺乏历史生成视阈的世界，这使得他既不明白"他周围的感性世界决不是某种开天辟地以来就直接存在的、始终如一的东西，而是工业和社会状况的产物，是历史的产物，是世世代代活动的结果"[32]，也不明白人的本性体现在历史性的社会关系层面，而是仅仅停留在感性的、直观的存在的人的共性上，把人的本性理解为“一种内在的、无声的、把许多个人自然地联系起来的普遍性”[33]，因而不能“从人们现有的社会联系”[34]来观察人们，从而只能把人理解为仅仅包含理想化了的爱与友情的感情范围内的现实的、单个的、肉体的人，人和人之间的关系也仅仅是爱和友情的关系。因此面对现实生活中的异化、无产阶级不自由的生存困境以及基督教的消除，他就只能从人的生理需要和利己主义本性出发来诉诸“爱的宗教”，求助于“最高的直观”和观念上的“类的平等化”来求得人的异化的扬弃。其结果是，共产主义的唯物主义者已经认识到应当把对社会物质条件的改造作为社会进步的前提和条件，而他却在历史领域重新陷入唯心主义[35]，以至于不可能使人的解放前进一步。因此他虽然看到了人的感性的一面，却不能转向对作为现实不合理现象产生根源的不合理的现实社会关系的分析批判，在进入到社会历史领域时由于陷入历史唯心主义泥淖，而找不到实现人的解放的科学路径。

马克思恩格斯则从实践出发去理解外部客观世界，进而从社会内在矛盾层面科学探讨世俗基础的自我分裂和自我矛盾，指出人的本质体现为一切现实社会关系的总和，因而属于社会意识范畴的宗教以及传统观念论哲学以及现实中的不自由等等，均起源于现实实践中人与人之间不合理的社会关系，而只有分析现实社会关系不合理的根源并在现实世界中由现实的个人联合起来通过现实的手段才能真正改变世界。正是对费尔巴哈人本学唯心史观的超越才使历史唯物主义生成为一种新的科学的历史观。

三 历史唯物主义超越传统西方历史观的五大理论支点

马克思恩格斯认为要实现自由人联合体这一社会形态，首先必须超越传统西方历史观的思维范式，在人类把握、改变历史的时代课题上提供新的分析图景。因为只要把现实和对象当做实践去理解就可以看到：其一，“历史过程中的决定性因素归根到底是现实生活的生产和再生产”[36]；其二，人的异化的根源不在精神发展过程之中，而是源自现实物质生产过程中出现的内在社会矛盾，历史的动力是革命而不是理论批判[37]；其三，历史目标的最终实现，必须诉诸社会革命即通过改变不合理的所有制形式这一实践活动来完成。历史唯物主义新历史观是马克思恩格斯在《德意志意识形态》中，通过前后相续且具有逻辑关联的五个维度的范式转换呈现出其内在力量和本质特征的。

其一，在如何理解历史以及历史规律探讨的前提和基础上，首次以物质资料的生产超越传统观念论哲学的先验理念、精神、意识及其逻辑运演。对历史起点以及历史规律探求的前提的理解不同，必然导致实现自由美好社会的重大路径差异。众所周知，柏拉图把作为本体且先天固有的自在理念作为经验世界的依据，认为“一个东西之所以能够存在，只是由于‘分有’它所‘分有’的那个实体（理念）”[38]，而对世界的认识只能通过少数智者借助经验感官而在知识层面回忆人固有的“理念”的内涵，以为诉诸对理念的知识论考察就可以引领现实不断向其接近并趋于美好。黑格尔则明确指出有限的现实经验世界存在的根据在绝对理念中，只不过它变成了一个自在自为的实体，表现为“实体即主体”，即“不动的东西自身却能引起运动，所以它是主体。它引起运动的力量，抽象地说，就是自为存在或纯粹的否定性”[39]。且绝对理念运动过程的工具——思想范畴不是像之前那样成为一种纯主观的东西，而是本身就包含了客观事物的真实性和本质，“理念是自在白为的真理，是概念和客观性的绝对统一”[40]，因此包括自然、社会和精神在内的整个世界的产生与变化过程，就是绝对理念自身通过思想范畴以特定的逻辑自我运动、自我开显和自我认识的结果，从而历史探讨便成为了对

“无人身的人类理性”自我运动的考察。而在马克思恩格斯看来，只要深入到真实的现实社会历史发展之中，以纯粹经验的方法就可以确认历史的前提则表现为物质生产活动，而不是意识、思维、理念等精神活动。因为所谓人类历史首先固然离不开“有生命的个人的存在”以及人们自身的生理特征、人类维持自身生存所处的至今仍然是决定肉体组织命运的自然条件，这连历史不可知论者以及历史唯心主义者也都不得不承认。但是，人把自己和动物区别开来的第一个历史行动恰恰是人“开始生产自己的生活资料”[41]。不同于被动地适应自然界的动物本能活动，物质生活资料的生产劳动实践是一种有意识、有目的的创造和生产活动，只有它才构成人类存在和人类社会历史得以展开的前提基础，“这种活动、这种连续不断的感性劳动和创造、这种生产，正是整个现存的感性世界的基础，它哪怕只中断一年……整个人类世界以及他自己的直观能力，甚至他本身的存在也会很快就没有了”[42]。而人们的思想、观念、意识的生产以及意识、宗教或其他精神性存在，都是人们的社会历史实践活动的直接产物。因而如果把意识、思想等精神性因素进一步独立化并被抽象为历史展开的前提，就必然导致历史唯心主义在“思维与存在”关系上的颠倒。明确人类创造自己历史的社会实践前提，其旨归在于为历史唯物主义新世界观全面超越西方先验观念论史观奠定前提和基础。

其二，历史的实践前提则决定了历史的动力在于现实物质生产方式的内在矛盾运动，而非精神、观念、意识的自我矛盾运动。历史的进步与发展离不开历史的动力，传统西方观念论历史观从“宗教、概念、普遍的东西统治着现存世界”[43]出发，或把精神同现实的矛盾及其生发的精神自身的矛盾运动看作社会的动力，或在“纯粹精神”的领域中兜圈子把宗教幻想推崇为历史的动力，均陷入了对现实历史进程的忽视。历史唯物主义由于把物质生活资料的生产看作历史的前提，就使得其在历史的动力问题上诉诸从历史的最初进程以及至今影响历史进程的事实中去寻找，指出历史的真实发展图景呈现出如下三重维度：第一，生产物质生活本身作为第一个历史活动，构成了一切人类生存和历史的第一个前提；第二，在人类最初需要的物质生活资料的生产得到满足之后，人类的生存和发展才能得以继续并在此过程中又不断产生新的需要，人们在不断增强生产物质生活本身能力过程中通过不断提高生产力水平带动历史的发展；第三，社会关系在物质生活生产实践中也同时产生出来，在人类历史展开之初的需要不发达状态，社会关系表现为唯一的家庭关系，而社会历史不断展开之后会随着人口的增多和需要的增长不断产生新的社会关系，社会关系的生产始终构成真实的历史组成部分。[44] 在这种真实的历史图景中呈现出的历史秘密，突出表现在历史发展的动力则存在于现实生产力与社会关系构成的生产方式内在的矛盾运动之中，而不在于思想自身的内在矛盾之中。因为“生产本身又是以个人彼此之间的交往［*Verkehr*］为前提的”[45]，也即生产实践活动只能存在于人与人之间并结成社会关系的过程之中，孤立的单个人的活动则不能称为生产实践活动，因为它不能保证人类的生存因而不是历史的主体活动，而正是在实践活动中人与人的社会关系得以确定和调节并反过来保证实践活动的持续性。因此，只要人类已经开始生产自己的生活资料，就必然出现“人们用以生产自己的生活资料的方式”[46] 问题，这意味着人类历史始终在人对自然的改造和人对人的社会关系的调整这双重生产中前行。一方面，历史首先体现为人类对自然的改造，其表现形式就是生产力的发展水平，“一定的生产方式或一定的工业阶段始终是与一定的共同活动方式或一定的社会阶段联系着的，而这种共同活动方式本身就是‘生产力’；人们所达到的生产力的总和决定着社会状况”[47]；另一方面，它同时也体现为人和人之间在生产过程中形成的社会关系的生产与再生产，“社会关系的含义在这里是指许多个人的共同活动，不管这种共同活动是在什么条件下、用什么方式和为了什么目的而进行的”[48]。特别是，“物质生活的生产方式制约着整个社会生活、政治生活和精神生活的过程”[49]，因此对人类历史规律的探求，就应对物质生产方式及其运动规律进行深入解剖，而不是从精神、思想和意识的运动规律中去寻求答案。

其三，现实物质生产方式的内在矛盾运动作为历史的动力，决定了历史的真实进程表现为由分工所导致的所有制方式的演进过程而非思维逻辑的演进过程，因此人的异化的扬弃恰恰应诉诸所有制形式的演进来加以实现。从生产力的不断发展与交往形式（社会关系）的不断生成之矛盾运动过程中去寻求人类历史发展规律，就可以发现人类物质生活资料生产的历史以及生产关系生产的历史进程，也即人类社会的真实发展过程既是分工不断精密化的过程，同时也是由分工所导致的所有制方式的演进过程，分工的深化既是导致所有制形式演进以及不自由程度加深的根源，也构成了通过现实运动来消灭分工从而实现人的自由的必由之路。分工最初表现为自然形成的家庭成员之间，以及单个互相对立的家庭之间为基础的分工，随着社会的演进分工的程度和范围不断加深，造成的结果是劳动及其产品的不平等分配，导致所有制随之出现，“所有制是对他人劳动力的支配。其实，分工和私有制是相等的表达方式”[50]，由此历史的演进过程就体现为从“部落［Stamm］所有制”，“古典古代的公社所有制和国家所有制”，到“封建的或等级的所有制”，乃至资本主义所有制和此后的共产主义所有制等所有制不同形式的演进过程。人的异化出现的根源就在于所有制形式的演变，它直接植根于在现实生产过程中由于社会方式内在矛盾导致的分工所造成的农业劳动、工业劳动和商业劳动的经营方式的变化：首先，最重要的分工表现在物质劳动和精神劳动的分工，它造成城市和乡村的分离，出现了城市阶级和乡村阶级两大阶级以及城乡之间的对立，此时城市各行会间分工尚不发达，城市间交往和居民的需求有限，劳动成为凌驾于个人之上的最主要的力量，生产力的保持也并没有可靠的保障。其次，社会发展导致生产和交往的分离这一分工扩大的现实，出现了商人阶级这一特殊群体，随着早期地域局限性逐渐消失，交往进一步发展为以大工业为基础的世界范围内的交往，它迫使一切民族不得不都卷入到竞争斗争之中，从而提供人类创造的生产力的保持与继承赖以可能的可靠保障。再次，城市之间的分工最初产生了超出行会制度范围的工场手工业，同时随着交往的扩大和市场的扩展出现了人口的集聚和资本的积累，也导致大工业的出现，其结果是“由工人和资本家之间的金钱关系”代替了“帮工和师傅之间的宗法关系”，进而商业和工场手工业的扩大加速了活动资本的积累并产生了大资产阶级。[51] 大工业既造成了竞争的普遍化，使分工丧失了自己自然形成的性质的最后一点假象，它在首次开创世界历史的过程中，形成了文明国家及其个人需要的满足对于整个世界的依赖，消灭了各国以往自然形成的闭关自守的状态，因而把所有的资本都变为工业资本，从而使流通加速、资本集中，导致所有自然形成的关系都变成了货币的关系，在造成大量的生产力的同时也使得私有制成了它们发展的重大束缚，表现在私有制的状态下这些生产力不能成为人的自由的实现力量反而成为大多数人的破坏力量。[52] 可见在历史唯物主义看来，阶级的出现、剥削的加剧以及无产阶级不自由程度的加深，这都是现实生产力和交往形式之间的矛盾导致分工与所有制形式演变的结果，而“只有随着大工业的发展才有可能消灭私有制”[53]，在现实中分析这些矛盾演进的规律，通过现实力量去促进大工业的发展进而实现所有制革命，才能为找到消灭私有制而实现人的自由的科学路径铺平道路。

其四，在共产主义这一历史目标的实现途径上以现实革命运动取代精神革命。找到科学的历史目标实现途径是历史唯物主义形成的重要标志。在马克思恩格斯看来，“一切历史冲突都根源于生产力和交往形式之间的矛盾”[54]，无产阶级的异化是生产力与生产关系矛盾运动的结果，是分工导致所有制形式演变的结果，而不是观念、思想、概念，被观念论者变为某种独立东西的意识的一切产物束缚和限制人们的结果。[55]因此，一方面，无产阶级的异化既非人类历史的始源性存在也非人类历史的永恒状态；另一方面，异化的克服更不能停留在“同意识的这些幻想进行斗争”，像青年黑格尔派那样“用人的、批判的或利己的意识来代替他们现在的意识”[56]，通过观念和精神革命来实现，也不能诉诸理性的升华以及上帝的救赎。相反，“个人力量［关系］由于分工而转化为物的力量这一现象……只能靠个人重新驾驭这些物的力量，靠消灭分工的办法来消灭”[57]。正是在此意义上马克思恩格斯指出，“对实践的唯物主义者即共产主义者来说，全部问题都在于使现存世界革命化，实际地反对并改变现存的事物”[58]，也即只有在现实的世界中并诉诸现实的手段才能实现真正的解放。特别是，实现共产主义目标必须促使新的共同体的形成，“只有在共同体中，个人才能获得全面发展其才能的手段，也就是说，只有在共同体中才可能有个人自由”[59]，而在迄今为止的私有制条件下的共同体均表现为冒充的、虚假的共同体，体现为一个阶级反对另一个阶级的联合，其中个人的自由仅限于统治阶级的自由，而对于被统治的阶级的自由发展而言这些共同体反而构成了自身发展的新的桎梏。因此，在历史唯物主义看来，只有采取现实革命的形式消除过去那种虚幻的共同体，促使私有制的终结，达到“联合起来的个人对全部生产力的占有”[60]，才能实现“各个人在自己的联合中并通过这种联合获得自己的自由”[61]的真正的共同体。可见，共产主义运动的重大理论和实践创新就突出表现在，只有它才诉诸“推翻一切旧的生产关系和交往关系的基础”[62]，即通过对社会现实的改变来真正达及人的解放的实现。

其五，在历史的主体即变革社会的主体力量上，以人民群众取代精英人物和先知先觉。通过革命的方式达及历史目标的实现离不开变革社会的主体和决定力量。在历史唯物主义看来，“历史向世界历史的转变，不是‘自我意识’、世界精神或者某个形而上学幽灵的某种纯粹的抽象行动”[63]，更不是上帝、英雄、精英人物的思想创造并改变着历史。“个人隶属于一定阶级这一现象，在那个除了反对统治阶级以外不需要维护任何特殊的阶级利益的阶级形成之前，是不可能消灭的”[64]，只有无产阶级这一人民群众中的先进阶级才能作为变革现实进而改变历史的主体力量，这是由物质生产方式内在矛盾运动所决定的历史发展的必然结果。第一，大工业到处造成了社会各阶级间相同的剥削或被剥削关系，创造了在所有民族中都具有同样利益、真正同整个旧世界脱离而同时又与之对立的阶级——无产阶级，因此只有无产者才能领导着共产主义运动并且引导着所有的群众同整个旧世界决裂。[65]第二，因为随着分工的发展和普遍竞争的斗争加剧，导致特殊利益和共同利益之间矛盾不断激化，导致无产阶级“只能用摧残生命的方式来维持他们的生命”[66]，这决定了无产阶级只有“消灭他们迄今面临的生存条件，消灭这个同时也是整个迄今为止的社会的生存条件，即消灭劳动”[67]，才能实现自身的自由个性。第三，无产阶级因为没有自身特殊利益而具有最强烈的革命诉求，无产阶级由于变成了“完全失去了整个自主活动的现代无产者”[68]，因此也必然成为不需要维护任何特殊的利益的先进阶级，能够真正超越此前许多个人始终屈从于某种唯一的生产工具的一切占有制[69]，从而实现自主活动和自由劳动，发挥出自身的才能和最人的生产效率，激发出生产力发展的最大活力，最终实现自身的重大使命。正是因为马克思恩格斯从英雄人物意志、个人的自我意识和理性自觉以及上帝拯救等方面转向了无产阶级的现实实践斗争，才真正找到了实现人的自由的先进主体力量，使得历史唯物主义从经验科学升华为科学的历史哲学。

【附录注释】

[1] [德] 康德：《历史理性批判文集》，何兆武译，商务印书馆 1990 年版，第 4 页。

[2] 张世英：《新哲学讲演录》，广西师范大学出版社 2008 年版，第 444 页。

[3 俞吾金：《论马克思对西方哲学传统的扬弃——兼论马克思的实践、自由概念与康德的关系》，《中国社会科学》2001 年第 3 期。

[4] [德] 威廉·狄尔泰：《历史中的意义》，艾彦、逸飞译，中国城市出版社 2002 年版，第 143 页。

[5] [英] 尼古拉斯·布宁、余纪元编著：《西方哲学英汉对照辞典》，王柯平等译，人民出版社 2001 年版，第 441 页。

[6] [德] 汉斯－格奥尔格·伽达默尔：《诠释学 I ——真理与方法》，洪汉鼎译，商务印书馆 2010 年版，第 465 页。

[7] [英] 柯林武德：《历史的观念》，何兆武、张文杰译，商务印书馆 1997 年版，第 286 页。

[8] 黄裕生：《宗教与哲学的相遇》，江苏人民出版社 2008 年版，第 36 页—第 37 页。

[9] 黄裕生：《宗教与哲学的相遇》，奥古斯丁与托马斯·阿奎那的基督教哲学研究，江苏人民出版社 2008 年版，《作者的话》，第 5 页。

[10] [德] 康德：《历史理性批判文集》，何兆武译，《译序》，第 14 页。

[11] [德] 黑格尔：《历史哲学》，王造时译，上海书店出版社 2001 年版，第 8 页。

[12] [德] 黑格尔：《历史哲学》，王造时译，上海书店出版社 2001 年版，第 55 页。

[13]《马克思恩格斯全集》第 3 卷，人民出版社 2002 年版，注释，第 678 页。

[14] [德] 路德维希·费尔巴哈：《费尔巴哈哲学著作选集》下卷，荣

震华等译，商务印书馆1984年版，第27页—第28页。

[15] 李武林等编著：《西方哲学史教程》，山东大学出版社1987年版，第669页—第670页。

[16] [德] 路德维希·费尔巴哈：《费尔巴哈哲学著作选集》上卷，荣震华等译，商务印书馆1984年版，第95页。

[17] 李武林等编著：《西方哲学史教程》，山东大学出版社1987年版，第672页。

[18] 唐正东：《马克思恩格斯哲学原著选读》，北京师范大学出版社2010年版，第119页—第121页。

[19] [德] 路德维希·费尔巴哈：《费尔巴哈哲学著作选集》上卷，荣震华等译，商务印书馆1984年版，第168页。

[20] [德] 路德维希·费尔巴哈：《费尔巴哈哲学著作选集》上卷，荣震华等译，商务印书馆1984年版，第598页。

[21]《马克思恩格斯全集》第46卷，人民出版社2003年版，第936页。

[22]《马克思恩格斯文集》第1卷，人民出版社2009年版，第501页。

[23]《马克思恩格斯文集》第1卷，人民出版社2009年版，第499页。

[24]《马克思恩格斯文集》第1卷，人民出版社2009年版，第295页。

[25]《马克思恩格斯文集》第1卷，人民出版社2009年版，第608页。

[26]《马克思恩格斯全集》第44卷，人民出版社2001年版，第10页。

[27]《马克思恩格斯全集》第3卷，人民出版社1960年版，第213页。

[28]《马克思恩格斯全集》第3卷，人民出版社1960年版，第285页。

[29]《马克思恩格斯文集》第1卷，人民出版社2009年版，第582页。

[30]《马克思恩格斯文集》第1卷，人民出版社2009年版，第545页。

[31]《马克思恩格斯文集》第1卷，人民出版社2009年版，第499页。

[32]《马克思恩格斯文集》第1卷，人民出版社2009年版，第528页。

[33]《马克思恩格斯文集》第1卷，人民出版社2009年版，第501页。

[34]《马克思恩格斯文集》第1卷，人民出版社2009年版，第530页。

[35]《马克思恩格斯文集》第1卷，人民出版社2009年版，第530页。

[36]《马克思恩格斯文集》第10卷，人民出版社2009年版，第591页。

[37]《马克思恩格斯文集》第1卷，人民出版社2009年版，第544页。

[38] 北京大学哲学系外国哲学史教研室编译：《西方哲学原著选读》上卷，商务印书馆 1981 年版，第 74 页。

[39] [德] 黑格尔：《精神现象学》上卷，贺麟、王玖兴译，商务印书馆 1979 年版，第 13 页。

[40] 北京大学哲学系外国哲学史教研室编译：《西方哲学原著选读》下卷，商务印书馆 1982 年版，第 427 页。

[41]《马克思恩格斯文集》第 1 卷，人民出版社 2009 年版，第 519 页。

[42]《马克思恩格斯文集》第 1 卷，人民出版社 2009 年版，第 529 页。

[43]《马克思恩格斯文集》第 1 卷，人民出版社 2009 年版，第 515 页。

[44]《马克思恩格斯文集》第 1 卷，人民出版社 2009 年版，第 531 页—第 532 页。

[45]《马克思恩格斯文集》第 1 卷，人民出版社 2009 年版，第 520 页。

[46]《马克思恩格斯文集》第 1 卷，人民出版社 2009 年版，第 519 页。

[47]《马克思恩格斯文集》第 1 卷，人民出版社 2009 年版，第 532 页—第 533 页。

[48]《马克思恩格斯文集》第 1 卷，人民出版社 2009 年版，第 532 页。

[49]《马克思恩格斯文集》第 2 卷，人民出版社 2009 年版，第 591 页。

[50]《马克思恩格斯文集》第 1 卷，人民出版社 2009 年版，第 536 页。

[51]《马克思恩格斯文集》第 1 卷，人民出版社 2009 年版，第 556 页—第 562 页。

[52]《马克思恩格斯文集》第 1 卷，人民出版社 2009 年版，第 566 页。

[53]《马克思恩格斯文集》第 1 卷，人民出版社 2009 年版，第 556 页。

[54]《马克思恩格斯文集》第 1 卷，人民出版社 2009 年版，第 567 页—第 568 页。

[55]《马克思恩格斯文集》第 1 卷，人民出版社 2009 年版，第 515 页。

[56]《马克思恩格斯文集》第 1 卷，人民出版社 2009 年版，第 516 页。

[57]《马克思恩格斯文集》第 1 卷，人民出版社 2009 年版，第 570 页—第 571 页。

[58]《马克思恩格斯文集》第 1 卷，人民出版社 2009 年版，第 527 页。

[59]《马克思恩格斯文集》第 1 卷，人民出版社 2009 年版，第 571 页。

[60]《马克思恩格斯文集》第 1 卷，人民出版社 2009 年版，第 582 页
[61]《马克思恩格斯文集》第 1 卷，人民出版社 2009 年版，第 571 页。
[62]《马克思恩格斯文集》第 1 卷，人民出版社 2009 年版，第 574 页。
[63]《马克思恩格斯文集》第 1 卷，人民出版社 2009 年版，第 541 页。
[64]《马克思恩格斯文集》第 1 卷，人民出版社 2009 年版，第 570 页。
[65]《马克思恩格斯文集》第 1 卷，人民出版社 2009 年版，第 567 页。
[66]《马克思恩格斯文集》第 1 卷，人民出版社 2009 年版，第 580 页。
[67]《马克思恩格斯文集》第 1 卷，人民出版社 2009 年版，第 573 页。
[68]《马克思恩格斯文集》第 1 卷，人民出版社 2009 年版，第 581 页。
[69]《马克思恩格斯文集》第 1 卷，人民出版社 2009 年版，第 581 页。

参考文献

[1]《马克思恩格斯文集》第1卷、第2卷、第3卷、第4卷、第9卷，人民出版社2009年版。

[2]《马克思恩格斯选集》第1卷、第2卷、第3卷、第4卷，人民出版社1995年版。

[3]《马克思恩格斯全集》中文2版第1卷、第2卷、第3卷、第30卷、第31卷、第44卷、第45卷、第46卷，人民出版社1995年、2005年、2002年、1995年、1998年、2001年、2003年版。

[4]《马克思恩格斯全集》中文1版第1卷、第2卷、第3卷、第4卷、第27卷、29卷、第39卷，人民出版社1956年、1957年、1960年、1958年、1972年、1982年、1974年版。

[5]［德］马克思：《1844年经济学哲学手稿》，人民出版社2000年版。

[6]［日］广松涉编注：《文献学语境中的〈德意志意识形态〉》，彭曦译，南京大学出版社2005年版。

[7]［德］路德维希·费尔巴哈：《费尔巴哈哲学著作选集》上、下卷，商务印书馆1984年版。

[8]［德］康德：《纯粹理性批判》，邓晓芒译，人民出版社2004年版。

[9]［德］康德：《实践理性批判》，邓晓芒译，人民出版社2003年版。

[10]［德］康德：《任何一种能够作为科学出现的未来形而上学导论》，庞景仁译，商务印书馆1978年版。

[11]［德］黑格尔：《精神现象学》上卷，贺麟、王玖兴译，商务印书馆1979年版。

[12]［德］黑格尔：《历史哲学》，王造时译，上海书店出版社2001年版。

[13]［德］黑格尔：《法哲学原理》，范扬、张企泰译，商务印书馆1961年版。

[14]［德］黑格尔：《美学》第1卷，朱光潜译，商务印书馆1979年版。

[15] [美] 梯利：《西方哲学史》，葛力译，商务印书馆 1995 年版。

[16] [德] 文德尔班：《哲学史教程——特别关于哲学问题和哲学概念的形成和发展》上、下卷，罗达仁译，商务印书馆 1987 年、1993 年版。

[17] [英] 戴维·麦克莱伦：《卡尔·马克思传》（第 3 版），王珍译，中国人民大学出版社 2005 年版。

[18] [德] 海因里希·格姆科夫等著：《马克思传》，易廷镇、侯焕良译，人民出版社 2000 年版。

[19] [南] 普雷德腊格·弗兰尼茨基：《马克思主义史》I，李嘉恩等译，人民出版社 1986 年版。

[20] [法] 雷蒙·阿隆：《社会学主要思潮》，葛智强等译，上海译文出版社 2005 年版。

[21] [美] 汤姆·罗克摩尔：《黑格尔：之前和之后——黑格尔思想历史导论》，柯小刚译，北京大学出版社 2005 年版。

[22] [德] 马丁·摩根史特恩、[德] 罗伯特·齐默尔：《哲学史思路——穿越两千年的欧洲思想史》，唐陈译，中国人民大学出版社 2006 年版。

[23] [意] 安琪楼·夸特罗其、[英] 汤姆·奈仁：《法国 1968：终结的开始》，赵刚译，生活·读书·新知三联书店 2001 年版。

[24] [德] 奥特弗里德·赫费：《康德：生平、著作与影响》，郑伊倩译，人民出版社 2007 年版。

[25] [英] 尼古拉斯·布宁、余纪元编著：《西方哲学英汉对照辞典》，王柯平等译，人民出版社 2001 年版。

[26] [苏] B.A. 马利宁、B.H. 申卡鲁克：《黑格尔左派批判分析》，曾盛林译，社会科学文献出版社 1987 年版。

[27] [法] 科尔纽：《马克思的思想起源》，王瑾译，中国人民大学出版社 1987 年版。

[28] [法] 蒲鲁东：《贫困的哲学》第 2 卷，余叔通、王雪华译，商务印书馆 1998 年版。

[29] [美] 杜维明：《道、学、政——论儒家知识分子》，钱文忠、盛勤译，上海人民出版社 2000 年版。

[30] 北京大学哲学系外国哲学史教研室编译：《西方哲学原著选读》

上、下卷，商务印书馆 1981 年、1982 年版。

[31] 何兆武：《西方哲学精神》，清华大学出版社 2002 年版。

[32] 赵甲明、韦正翔主编：《马克思主义基本观点 18 讲》，中国社会科学出版社 2011 年版。

[33] 韩立新主编：《新版〈德意志意识形态〉研究》，中国人民大学出版社 2008 年版。

[34] 唐少杰：《实践的哲学与哲学的实践：关于马克思主义哲学发展论若干问题的思考》，河北大学出版社 2003 年版。

[35] 艾四林：《艾四林论文选》，中华书局 2011 年版。

[36] 邹广文：《当代文化哲学》，人民出版社 2007 年版。

[37] 黄裕生：《宗教与哲学的相遇》，江苏人民出版社 2008 年版。

[38] 孙伯鍨：《探索者道路的探索》，南京大学出版社 2002 年版。

[39] 张一兵：《回到马克思——经济学语境中的哲学话语》，江苏人民出版社 1999 年版。

[40] 唐正东：《斯密到马克思——经济哲学方法的历史性诠释》，南京大学出社 2002 年版。

[41] 侯惠勤主编：《正确世界观人生观的磨砺——马克思主义著作精要研究》，南京大学出版社 2002 年版。

[42] 邓晓芒：《黑格尔辩证法讲演录》，北京大学出版社 2005 年版。

[43] 孙正聿：《马克思辩证法理论的当代反思》，人民出版社 2002 年版。

[44] 安启念：《新编马克思主义哲学发展史》，中国人民大学出版社 2004 年版。

[45] 李成旺：《马克思哲学革命的文本学解读》，中国社会科学出版社 2011 年版。

后记

本书是对马克思和恩格斯共同撰写的《德意志意识形态》这一经典著作所作的导读。撰写马克思主义经典的导读性著作，笔者认为应坚持如下基本原则：其一，严格遵循文本的原则，必须在始终立足马克思和恩格斯第一手文本的基础上，进而把其中所蕴涵的马克思哲学基本精神彰显出来；其二，客观的原则，在作者个性化研究的基础上，要最大限度地把学界达成共识的观点呈现出来，尽量避免作者的主观发挥和过度诠释；其三，清楚明白的原则，即文字和思想表达要尽量不引起歧义，因为本来是为了更好地帮助读者理解原著，但读者读了导读性著作之后反而更糊涂的话，就失去了导读的意义。鉴于此，在本书写作过程中，笔者尽量借用马克思和恩格斯原著中原汁原味且通俗易懂的话语来呈现其基本思想。

《德意志意识形态》是马克思和恩格斯生前没有完成、也没有全文发表的著作，且有部分内容遗失，关于该著作的编排及其所引起的对马克思主义理论本身的理解等问题始终是国内外学界争论的热点。特别是就该著作中文版本的出版情况而言，至目前为止，只有《马克思恩格斯全集》中文第一版第3卷较为完整地收录了该著的全文。所以本书写作所依据的原始版本，主要来自《马克思恩格斯全集》中文第一版第3卷。但鉴于《马克思恩格斯文集》第1卷收录了《德意志意识形态》第一卷第一章（《费尔巴哈》）的最新中文译本，因此就《费尔巴哈》章的导读则主要依据了《马克思恩格斯文集》第1卷的相应部分。同时，本书还参照了《马克思恩格斯选集》中文第二版第1卷，以及广松涉编注的《文献学语境中的〈德意志意识形态〉》所收录的《德意志意识形态》第一卷第一章。

需要说明的是，本书的部分内容曾发表在拙著《马克思哲学革命的文本学解读》(2011年）中，由于本书成稿时间较紧，加之本书是一本导读性读物，它重在普及马克思主义理论，因而在征得中国社会科学出版社同意后，我又对该著中的相关内容进行了修改和完善，并使之成为本书的重要组成部分。在此谨对中国社会科学出版社表示深深的谢意！

本书是在我的博士后合作导师艾四林教授的关怀和督促下完成的，在写作过程中始终得到了艾老师的帮助和指导，谨在此致以诚挚的谢忱！

《德意志意识形态》是马克思主义经典之中的经典，内容博大精深，思想深邃缜密，但因本人能力所限，本书仅仅就该著的基本内容作了粗浅的介绍，即便如此也难免存在诸多错谬和误读，因此祈请学界方家予以批评指正。

李成旺

2011年7月于北京清华园

再版后记

2012年1月，拙著《〈德意志意识形态〉导读》忝列导师艾四林教授总主编的“马克思主义经典著作导读丛书”，由中国民主法制出版社出版发行。三年多来，由于主持国家社会科学基金项目“历史唯物主义的生成路径及其当代启示研究”，笔者也始终在持续展开对《德意志意识形态》的文本解读，并在清华大学马克思主义学院为研究生开设了名为“《德意志意识形态》研究”的课程，承蒙不少研究生和访问学者的积极参与并就相关论题展开热烈研讨，自身又有了许多新的思考。因此，趁拙著再版之际，本想对之加以全面修订，但突然发现，如若全面修订的话，拙著的整体格局就得发生根本性变化，而近期围绕另一拙著《历史唯物主义生成路径研究》的撰写又几乎占用了笔者全部精力，全面修订实乃力不从心。因此，只能在矫正了原书几处书写错误的基础上又基本保持了该书原貌，并将拙文《历史唯物主义的超越对象与超越路径——〈德意志意识形态〉“费尔巴哈”章的深层理路再解读》作为附录附于书后，姑且作为自己最近的研究成果呈现给读者，需要说明的是，该文发表于《马克思主义与现实》2014年第5期，并被中国人民大学复印报刊资料《哲学原理》2015年第1期全文转载，《中国社会科学文摘》2015年第2期摘要转载。现在仍然感到，应该对青年黑格尔派主要成员特别是布鲁诺·鲍威尔、麦克斯·施蒂纳、费尔巴哈的深层思路予以详细解读之后，再呈现马克思恩格斯在《德意志意识形态》中的独特哲学智慧，这样会更加清晰地彰显出该经典文本的理论价值和实践意义。同样是由于时间原因，这一愿望也只能有待他日来完成。有鉴于此，对于拙著存在的诸多不足之处，恳望学界同仁予以批评指正。

李成旺

2015年5月1日于北京清华园善斋